내 인생의 가장 행복한 깨달음

나를 통해 일하시는 하나님

저자 임규석

하이지저스

〈머리말〉

나를 통해 일하시는 하나님

2006년 교감 자격 연수를 받을 때 교회 청년부 부장으로 주보에 매주 한 편씩의 칼럼을 쓰게 되었다. 한 주간 지내면서 느낀 것을 A4 용지 한페이지로 간단하게 썼던 것이 정년퇴임 때인 2021년에 약 700여편이 되었다. 소중한 나의 신앙이자 성숙해져 가는 과정의 인생 이야기가 되었다. 매일 성경 묵상한 것 중 깨달은 말씀, 새벽 기도를 통해 정리된 생각, 여러 목사님들의 설교 중 은혜 받은 구절, 신앙 서적을 읽고 새로 알게 된 내용, 생활 속에서 말씀을 적용한 사례, 하나님으로부터 경험한 은혜, 사람과의 관계를 통한 감사 이야기, 선교하며 배우게 된 마인드, 청지기로 살기 위해 노력한 이야기 등을 정리한 것들이다.

지난 15년에 걸친 나의 신앙 고백서같은 글들을 '나를 통해 일하시는 하나님'이라는 제목으로 묶어 보았다. 주제별로 분류하면서 읽어보니 내 삶에 대한 신앙적 고백이자 그렇게 살기를 원하고 노력하려는 의지였다는 생각이 든다. 다시 글을 읽으며 그렇게 살았고, 또 앞으로 그렇게 살아보려는 거울과 같은 자기 고백서라는 느낌이다. 글을 쓴다는 것은 그렇게 살겠다는 의지의 표현인 것같다. 가끔 기도하면서 나의 글 내용을 되새기기도 하고, 순장으로 순원들과 나눔을 가질 때도 정리되고 체계적인 신앙적 이야기를 전할 수 있고, 또 누군가 설교를 부탁하면 이 내용에 살을 붙여 설교하곤 하고, 여러 사람들에게 강의할 때 일부 인용하기도 하고, 또 자녀들과 젊은이들에게 격려하고자 할 때 꼰대처럼 전하기도 하고, 또 나이들어 은퇴하여 친구들과 편하게 이야기할 때 변함없이 살아온 내 삶의 한 모습으로 이야기한 내용들이다.

나이가 들면서 가정과 학교와 교회에서 어른이 되다보니 항상 몸가짐과 말 한마디가 조심스러워 자녀들과 후배 교사들과 성도들에게 서산대사의 시이자 김구 선생님의 좌우명으로 사용되었던 漢詩를 되새기곤 했다.

"踏雪野中去 不須胡亂行 今日我行蹟 遂作後人程",
'눈 덮인 길을 걸을 때 함부로 어지러이 걷지 마라.
내가 지금 걸은 발자취는 후인의 이정표가 되나니'

〈목차〉

2장
하나님의 나라가 임하소서

3장

산돌의 39년 교직 생활

4장

교회 봉사를 위해

5장
선교에 대한 새로운 마인드

6장
그리스도인의 재물관

7장
내가 좋아하는 말씀

1장

'나로 말미암아
모두가 형통하기를'

내 생각에 대하여

1. 우리 집 가훈, 합력하여 선을 이루심

"하나님을 사랑하는 자, 곧 그 뜻대로 부르심을 입은 자들에게는 모든 것이 합력하여 선(합동의 유익)을 이루느니라.(롬8:28)

　나는 목사님이었던 아버지와 이야기한 적이 별로 없다. 중·고등학교 때 나의 불만은 아버지가 교인들한테는 모든 것을 다 해주면서 우리 자식들에게는 별로 신경을 쓰지 않았다는 것이고, 교회 안의 사택에서 나의 사춘기를 교인들에게 개방해야 하는 것이었다.

　그래도 내 인생에 결정적일 때는 아버지의 충고에 귀를 기울였고 그것이 지금도 나를 나 되게 했던 것 같다. 그 중에 몇 가지가 기억난다. 나의 꿈은 교사였는데 고등학교 때 역사를 무척 좋아해 사학과를 시험 봤다가 떨어졌다. 그때 아버지가 "하나님이 하시는 일에는 합동의 유익이 있다"라고 하시며 격려해 주셨다. 합동의 유익? 결국 금식기도하며 사범대를 목표 삼고 재수를 하여 역사교육과를 진학했고, 지금은 하고 싶은 교사와 역사를 가르치게 되었다. 대학 때 주님과 첫사랑을 나누며 대학을 그만두고 신학대학을 진학하고

자 하였다. 그때 아버지가 "네가 기도하고 교사가 되겠다고 했는데 교사된 후에 신학을 해도 늦지 않으니깐 공부에 전념해라"고 하셨다. 지금 돌아보아도 나는 목사보다 교사가 좋다. 결혼하고 교회를 선택하고자 할 때 아버지는 "가족이 함께 교회 일을 도왔으면 좋겠다. 고 하셨다. 우리 가족은 매주일 마다 평택에서 대전으로 6년을, 수원에서 서울로 9년을 다녔다. 가족의 어려움은 이만저만이 아니었다. 아버지께 불순종할 수 없는 목사 아들이 싫었다.

그러나 때마다 하나님이 나를 인도해 주시고 우리 가정에 함께 하심을 체험하며 그것이 하나님의 축복임을 알게 될 때 합력하여 선을 이루신다.라는 말씀은 내가 아버지가 된 후부터 내 아들들에게 전해주는 우리 가정의 가훈이 되었다. 이제 아버지는 돌아가셨지만 때마다 말씀으로 격려해 주셨던 것처럼 내 자녀들에게 "합동의 유익"을 주시는 하나님을 전해주고 있다. 하나님을 믿고 순종하는 사람들은 하나님이 그냥 놔두시지 않는다는 사실을 체험하고 간증하게 될 것이다.

2. 지나 온 삶 속에 함께 하신 하나님

"내게 복에 복을 더하시고, 지경을 넓히시고, 주의 손으로 나를 도우사 나로 환난을 벗어나 내게 근심이 없게 하옵소서.(역상4:10)

지난 목요일 경기도 중등 교감 연수 대상자 300명의 선생님들 중 하나가 되어 교감 연수 개강식에 참석하였다. 교직 24년 만에 하나님께서 내게 교사들을 섬기며 하나님의 일을 행할 수 있는 자격을 주신 것이다. 개강식에 앉아 가만히 지나온 시절들을 생각하며 하나님께 감사드렸다

사범대를 졸업하고 82년 한탄강의 전곡고등학교로 첫 발령을 받은 후 군 입대와 결혼을 하고, 85년 평택으로 옮겨 자녀들을 낳고 95년 오산으로, 06년 수원 화홍고등학교로 옮기기까지 7곳의 학교에서 근무하였다. 96년 역사교육에 대한 논문이 전국에서 1등하면서 학교와 교육청에서 중요한 역할을 담당하며 그 지경을 넓히게 되었다. 하나님께서는 10년 동안 교감이 될 수 있는 여러 가지(교감 자격뿐 아니라 믿음의 자격까지)를 훈련시키시고 이제 때를 기다리게

하셨다.

　25년 전(만23세) 교사가 될 때 기도하며 다짐했던 생각을 지킴으로 하나님께서 축복을 주신 것 같다. 첫째는 예수님을 모델로 교사가 되겠다는 것이었다. 그래서 예수님처럼 학생들을 돌보고 믿음의 제자를 키우는 일에 전념하였다. 매년 학생들을 전도하여 함께 성경 공부하며 얻은 제자들이 나의 열매가 되었다. 정년퇴직 때쯤 그 제자들을 모두 불러 삶을 돌아보고 싶다. 둘째는 직장생활에서 절대 술을 하지 않겠다는 것이었다. 정말 힘들었다. 술을 못해 관리자들에게 동료들에게 왕따 당할 때가 많았다. 그러나 이제는 경기도에서 술 먹지 않는 교사로, 하지만 술자리에서 끝까지 함께하는 따뜻한 교사로 소문이 났다. 셋째는 동료교사들을 섬기겠다는 것이었다. 직장생활에서 남들이 하기 싫어하는 것을 먼저하고 남들이 필요로 하는 것을 채워 주다보니 나를 좋아하는 선생님들이 많다.

　인생은 마라톤이다. 사회에 첫발을 딛을 때 첫 단추를 잘 끼웠다는 생각이 든다. 하나님 안에서 뜻을 정하여 삶의 목적을 세우고 하나님께 맡기는 기도로 시작한 인생이기에 하나님은 그에 맞는 축복을 주시고 계신다. 나같이 부족한 자에게 그렇게 주신 축복이기에 하나님을 위해 사용되고 더 큰 축복으로 지경을 넓혀 주실 것이다.

3. 예수님과 만난 이후의 변화

" ... 그런즉 이제는 내가 사는 것이 아니요 오직 내 안에 그리스도께서 사시는 것이라 ..."(갈2:20)

나는 가끔 학생들을 가르치면서 적극적인 아이, 욕심 많고 자기 표현을 잘하는 아이, 이런 저런 상을 많이 받는 아이, 주변 사람들에게 인정받는 아이, 학급에서 리더십을 발휘하는 아이들을 보면 참 부러움을 느낀다. 왜냐하면 나는 청소년시절에 이들과는 정반대로 항상 열등감과 부끄러움과 위축된 생활을 살았기 때문이다.

모태신앙으로 성실하게 신앙생활을 하면서도 힘들게 살았던 나의 인생의 분기점은 대학 때 예수님을 인격적으로 만난 이후였다. 내 존재의 의미를 알게 되었고, 내가 무엇을 해야 하는지를 알게 되었기 때문이다. 나를 위해 죽으시고 부활하신 주님께서 이제는 내 안에 살아 계시다는 사실을 인정하게 되었고, 그분이 나를 통해 일하실 수 있도록 부족했던 나를 드리는 것을 배웠기 때문이었다. 남들 앞에 일어서서 책 읽기조차 부끄러워했던 내가 지금은 여러 곳의 강사로 2시간씩 강의할 수 있게 되었다. 글도 제대로 쓰지 못했던 내가 여러 곳에서 글을 써달라고 부탁이 들어오고 또 발표한 논문들은 꼭 수상을 받았다. 어떤 일을 하면 나를 숨기고 뒤로 뺐던 내가 이제는 여러 곳에서 리더가 되고 앞장서고 있다. 물론 지금도 남들 앞에 서면 떨린다. 지금도 글을 쓸려면 막힌다. 지금도 어떤 모임에서 뒤로 숨는다. 그런데 결국에는 그 중심의 자리에 내가 서있다. 주님께서는 내게 자신감을 주셨다. 내가 하는 것이 아니라 주님이 하신다는 믿음을 주셨다. 내가 존경받는 것이 아니라 주님이 존경받는 사실을 알게 되었다.

기독교인의 삶은 불가능하다. 내가 할 수 없다. 그런데 주님을 진정으로 만나면 나를 통해 주님이 하시기 때문에 가능해진다. 주님이 내 안에 사시도록 순종하는 믿음을 배우게 된다. 나를 통해 주님이 일하실 수 있게 나를 드리는 믿음을 갖고, 그러기 위해 말씀 속에서 예수님을 인격적으로 만나는 것이 인생의 큰 감격이다.

4. 아내와의 만남

지난 광림기도원에서의 제자 훈련 리트릿 때 미래 이력서를 나누며 대부분의 순장들이 5년 내에 결혼에 대한 계획이 이루어지기를 기도하였다. 결혼을 위해 기도하는 순장들이 결혼 적년기에 자기를 이곳으로 부르시고 이 교회에 다니게 하신 이유를 찾을 수 있도록 기도하다가 26년 전 추수감사절 때의 일이 기억나 글을 적어 본다. 그러니깐 대학 3학년(1980년)때의 일이다. 당시 공주 CCC 찬양 순장을 맡아 추수감사절에 선배들을 초청하는 Home comming day의 성가곡을 준비하기 위해 20여명의 찬양순들이 한 달 전부터 저녁마다 회관에 모여 열심히 연습하고 있었다. 음악적 재능도 없는 내가 찬양순을 맡게 된 것이 하나님께서 특별히 준비하신 것을 얻기 위하였음을 나중에야 알게 되었다.

대학 3학년 봄에 계엄령 선포로 학교와 회관을 다니지 못하면서 신앙적 방황을 하다가 2학기 개학하고 믿음을 회복하고 추수감사절을 준비하면서 매일 보게 된 한 자매(지금의 권집사)를 통해 설레이는 마음을 갖게 되었다. 1학기 때 갓 대학에 들어온 자매(당시 교대 1학년)의 순수한 모습과 열정적인 활동을 잠깐 보았다가 추수감사절 찬양 연습을 하며 실력도 없는 찬양순장을 믿고 따르는 것뿐 아니라 그 맑은 목소리에 솔로까지 맡으면서 최선을 다하는 모습에 한 눈

에 반했다. 눈치 채지 않게 조용히 기도하면서 새해 겨울, 편지를 보내며 나 혼자 교제를 시작하였다(대학 2학년이 된 자매는 그저 좋은 오빠, 순장으로 대했기 때문). 그 후 결혼(1984년 추수감사절 다음 주일에 결혼함)전까지 4년간 주고 받은 편지가 약 400여 통. 하나도 버리지 않고 모아 두었다가 결혼 7주년이 되던 해 컴퓨터를 사서 첫 작업으로 모아 두었던 편지를 편집하여 책으로 만들었다. '우리들만의 사랑 이야기'(산돌과 생명수). 믿음으로 살았던 연애 시절을 가끔 들여다 보며 이제는 아들들이 결혼할 자매들을 만나게 될 때쯤 부모님의 사랑 이야기로 전해 주려고 한다.

젊은 시절 서울서 고등학교를 나와 전혀 근거도 없는 공주로 나를 보내신 하나님의 계획 속에 내 인생에 중요한 2가지의 만남의 사건이 있었다. 인격의 예수님과 평생의 반려자인 아내와의 만남이다. 하나님께서는 우리의 인생 속에서 꼭 필요한 사람을 만나게 하신다. 결혼을 위해 기도하고 있다면 하나님께서 계획하시고 준비하신 아름다운 만남을 주신다는 것을 경험하였기에 젊은이들에게, 자녀들에게 자주 권하는 말씀이 되었다.

5. 나의 생각을 사용하시는 하나님

"모든 지각에 뛰어난 하나님의 평강이 그리스도 예수 안에서 너희 마음과 생각을 지키시리라"(빌4:7)

나의 철학적 성향을 말하라고 하면 실용주의적 사고라고 하겠다. 실용주의는 19세기 관념론에 반발하여 20세기 개척정신과 함께 미국 발전의 기본이 된 사상으로 경험을 바탕으로 권위에 반대하고 실제적 상황을 중시하고 효율성에 가치를 두는 사상이다. 그래서 실용주의 하면 경험, 현실, 실제, 효율, 유용, 실용, 목적, 의미 등의 단어를 떠오르게 한다.

나는 어려서 어려운 살림에 최소한의 상황에서 적응해야 하는 법을 나름대로 터득해야만 했다. 우리들 세대는 대부분 가난하게 살아 실수를 최대로 줄이고 작은 투자로 큰 효과를 얻어야 했기에 실용주의적인 사람이 많았다. 그래서 나는 내게 꼭 필요한 것(내 삶에 이익이 되고 내 생활에 유익한 것)과 그 상황에 꼭 맞는 것에만 투자함으로 최대의 효과를 얻는데 노력하였다. 그 결과 감정보다 이성을 중시하게 되었고, 남들보다 일을 효율적으로 하려고 애썼고, 시간과 물질을 아껴 꼭 필요한 곳에 사용함으로 낭비와 실수를 적게 하였다. 그러나 내 계획과 유익에 중점을 두다보니 남들에게 인색했고, 실수를 두려워했고, 좋은 옷보다 실용적인 것에, 맛있는 음식보다 배 채우는 것을 먼저 생각하여 여유와 멋도 없이 쪼들리는 생활에 익숙했다. 지금 돌아 봐도 학급 담임을 하면서 우리 반 급훈은 "형식보다 실제"였고, 연애와 결혼까지도 오직 한 여자에게만 투자했고, 일을 해도 권위와 형식보다 실제적이고 효율적으로 처리했다. 그러다 보니 요새 젊은 세대들의 멋과 유행, 넉넉한 투자(사치와 낭비), 여유로움과 자유로움(나태와 약속 시간 안 지키기, 상대방 고려하지 않기) 등이 이해가 안 될 때가 많다. 그러나 예수님을 만난 후 하나님 나라에 가치를 두게 되면서 나의 실용주의적 사고의 장점은 더 돋보이게 되었고, 그 단점들이 하나 둘씩 채워졌다. 낭비하지 않은 물질과 시간을 남을 배려하고 섬기는데 사용하게 되었고, 근검 절약한 재정도 하나님을 위한 곳에 부담 없이 사용하게 되었고, 주님께 봉사하는 일도 더 많이 효율적으로 하게 되었고, 주님 안에서 자기 관리를 잘하게 되었다.

6. 나로 말미암아 모두가 형통하기를

"여호와께서 요셉을 위하여 그 애굽 사람의 집에 복을 내리시므로 여호와의 복이 그의 집과 밭에 있는 모든 소유에 미친지라"(출39:5)

또 한번 하나님의 간섭하심에 놀라움과 감사함을 고백한다. 지난 주에 경기도교육청에서 관리자(교장, 교감)발령이 발표되었다. 항상 학교를 옮기게 될 때마다 내가 꼭 가고 싶은 학교를 마음에 두지만 하나님께서는 항상 당신이 준비하신 곳으로 인도하셨다. 처음에는 내 뜻대로 되지 못한 것에 대한 실망을 갖지만 그것은 잠깐이고 결국 하나님이 이루신 일과 준비된 일을 알게 되면서 감사가 넘치게 된다.

이번 교감 발령도 마찬가지였다. 나는 발령 순위도 나쁘지 않고 또 내가 살고 있는 화성시에 신설학교가 여러 개 생겨 집 가까운 곳으로 발령받기를 바라면서도 주님의 뜻에 순종하기를 기도하였다. 발표된 발령지는 평택이었고, 평택에서도 조금 멀고 작은 학교 교감으로 가게 되었다. 처음에는 전혀 생각지 않은 곳으로 가야하는 것 때문에 하나님의 인도하심에 의아해했지만 곧 마음의 평안을 느끼면서 하나님의 적극적인 개입을 알게 되고는 감사하게 되었다. 사람들은 관리자는 집 가까운 곳에 큰 학교로 발령받은 것을 최고로 여긴다. 남들은 멀고 작은 학교를 가기 싫어하지만 나는 그런 학교가 좋다. 발령 소식을 듣고 많은 사람들이 축하보다 위로를 했지만 나는 내심 하나님께서 인도하신 귀하신 역사에 감사하고 감격하였다. 그 학교에서 2,3년간 교감으로서 내가 해야 할 일을 하나님께서는 준비하고 계심을 확신하였다. 농촌의 착한 학생들에게 복음을 통한 비전을 심겨주고, 적은 교사들이지만 서로 섬기고 배려하는 가족 같은 분위기의 직장을 만들어 평생 함께할 수 있는 친구들을 사귈 것을 기대한다. 그곳에서 일하실 주님과 그곳을 축복하실 주님을 생각하니 벌써 가슴이 두근거린다.

역시 하나님을 사랑하는 자에게는 합력하여 선을 이루신다. 인간의 손길이 닿을 수 없도록 적극적으로 간섭하신 하나님을 깨닫기에 나의 앞으로의 교감으로서의 역할에 대한 기대가 넘치고, 언제나 동행하시는 하나님을 체험하기에 어떤 일을 하더라도 두려움이 없다. 이제 내가 가는 청북중학교를 하나님이 축복하셔서 함께하는 교육 식구들이 나로 말미암아 형통케 하실 것을 기도드린다.

7. 평생 순장의 삶

"여호와께서 요셉과 함께하시므로 그가 형통한 자가 되어 ... 그 애굽 사람의 집에 복을 내리시므로..."(창39:3-5)

2달 전쯤 정은철 목사님으로부터 "평생 순장의 삶"에 대하여 CCC순장들에게 말씀해 달라는 부탁을 받았다. 이에 먼저는 목사님을 통해 내가 평생 순장의 삶을 살고 있다고 인정해 준 것에 감사함을 느꼈고, 또 한 가지는 그 삶을 어떻게 전해야할까 지혜를 달라고 기도를 드렸다. 한동안 쉬면서 이런 저런 생각을 하며 나의 지난 과거의 일들을 생각하며 하나님이 동행하셨던 삶을 정리해 보았다. 그래서 하나님께서 나를 순장으로 부르신 때부터 이후의 가정과 직장과 교회 생활, 그리고 나의 순장으로서의 비전에 대하여 내게 주신 성경 말씀을 중심으로 전하기로 준비하였다. 광림 기도원에서의 CCC 순장들 리트릿 때 그들과의 만남이 손꼽아 기다려졌고, 아들, 딸같은 아이들에게 잔소리가 아니라 그들의 앞 길에 평생 순장의 삶이 어떤 것인지 도전과 기대를 갖게 해달라고 기도를 드리며 밤 늦은 시간 그들을 만났다.

하나님은 내 주변 사람들과의 만남을 통해 하나님의 선한 일과 주님의 아름다운 덕을 선포하라고 부르셨다. 모태 신앙으로 아버지를 통해 바른 믿음의 삶을 배웠고, 특히 대학 때의 신앙 훈련과 제자로서의 삶에 대한 사명 선언은 내 평생에 하나님 앞에서 해야 할 일을 다짐하고 실천하게 되었다. 예수님의 가르침을 모델로 한 교사 생활과 평생 동안 제자 삼는 일에 초점을 맞추어 살다보니 하나님께서는 믿음 안에서 많은 믿음의 제자들을 양육하게 하셨고, 영향력을 끼칠 수 있는 교사가 되게 하셔서 나로 하여금 축복의 통로가 되게 하셨다. 하나님의 일은 인정받기 위해 하는 것이 아니라 내안에 함께하신 주님이 나를 통해 일하실 수 있도록 헌신하는 것이다. 남들에게 인정받는 것보다 그 일을 할 때 나 같은 부족한 것을 세우시는 하나님이 감사할 뿐이고 그 일을 통해 내가 기쁘고 하나님이 영광 받으신다는 것이 기대가 된다. 앞으로도 할 일이 많다. 그래서 지금 준비할 것이 너무 많다. 항상 젊게 살면서 요셉이 가는 곳마다 주변 사람들이 복을 받게 했던 것처럼 나도 그랬으면 좋겠다. 그리고 나와 함께 하는 믿음의 동역자들이 그러한 삶을 나누고 간증했으면 좋겠다.

8. 떠나 보낼 것을 준비하는 마음

설날 새벽에 90세의 나이로 장모님이 돌아가셨다. 한 달 전부터 기력이 쇠약해 병원에 입원하셨다가 가족들 다 모이라고 설날에 소천하셨다. 2년 전 아버님도 위암 말기로 계속 고통을 겪으시다가 병원에 입원하신지 보름 만에 돌아가셨을 때를 생각하며 잠깐이었지만 죽음을 준비할 수 있었다.

어른이 된 사람에게는 떠나 보낼 것이 3가지가 있다고 생각한다. 첫째는 자녀가 결혼해 나가는 것이고, 둘째는 부모님을 하늘나라로 보내는 것이고, 셋째는 배우자와의 이별이다. 모두가 슬프기는 하지만 그 나름의 의미가 있다. 먼저 자녀에 대하여 우리는 항상 함께 지낼 것처럼 산다. 그런데 자녀들은 청년만 되어도 집에 안 들어 오는 날이 많고 부모보다 친구들과 함께하기를 좋아한다. 자녀를 손님처럼 대하면 자녀를 잘 이해하고 존중하며 서로 마음이 편하고 떠나

보낼 것을 준비할 수 있을 것같다. 둘째로 부모님을 떠나 보내는 것이다. 언젠가는 떠나실 분인데 막상 떠나시면 왜 그리 아쉬운지. 살아 생전 효도하지 못한 것이 한스러워 우는지도 모른다. 그러나 막상 살아 계셔도 마음 편하게 효도하지도 못한다. 부모님이 항상 자녀들 마음에 함께 하기 위해서, 그리고 그분의 죽음이 끝이 아니라 새로운 시작이 되기 위해서 그분의 유업을 잇는 것이다. 우리 가족도 2005년에 돌아가신 아버님의 유업을 잇기 위해 돌아가시기 전 러시아와 중국에서 고려인과 조선족을 위한 북방선교를 하셨던 것을 뒤이어 선교에 관심을 갖고 선교사님들을 위한 기도와 후원을 이어가면서 아버님의 죽음에 의미를 두니 항상 아버지가 함께하신다는 생각을 하게 되었다. 그래서 자녀들에게 할아버지의 삶을 자연스럽게 가르치며 전하고 있다. 셋째로 배우자와의 이별은 정말 슬플 것 같다. 부모보다 자녀보다 더 오래 함께하였기에, 그리고 세상에서 누구보다 가장 잘 아는 사이이기에 더욱 그럴 것이다. 그래서 배우자와의 이별로 함께한 아름다운 추억을 기억하며 남은 평생 주의 일에 전념하면 그 빈 마음을 주님으로 채워질 것 같다.

막상 죽음을 앞둔 사람에게 우리가 할 일은 아무것도 없다. 죽음을 두려워하지 않도록 함께하며, 죽음을 슬퍼하지 않도록 기도하는 것 밖에 없을 것 같다. 약속의 말씀대로 하늘 나라에서 다시 만날 것을 기대하며 말없이 함께하는 것이 전부일 것 같다. 그의 삶을 우리 속에 간직하며 함께 동역했던 주의 일에 전념함으로 그분의 죽음에도 소망이 있음을 확인해 본다.

9. 섬기며 살아가기

"아무 일에든지 다툼이나 허영으로 하지 말고 오직 겸손한 마음으로 각각 자기보다 남을 낮게 여기고"(빌2:3)

시골의 작은 학교에 교감이 된지 3개월이 지났다. 학교에서 중간 관리자이다 보니 학교를 운영하는데 나름대로 영향력을 끼칠 수 있어 정말 좋다. 옛날에는 내가 하고 싶은 것도 접어야 하고, 할 필요가 없는데 해야 하는 업무가 많았다. 그런데 교감이 되니 나름대로 생각하는 것들을 교장선생님께 허락 받아 할 수도 있고, 아니면 그냥 하고 싶은 대로 행하는 경우도 많다.

나는 교감이 되면 꼭 해보고 싶은 게 몇 가지 있었다. 내가 교사 시절에 교감, 교장선생님과 업무적으로는 만났어도 서로 인격적으로 만난 적이 없어 항상 거리감이 있었다. 그래서 교감이 되면 선생님들과 개인적으로 저녁을 먹으며 내가 먼저 마음을 열고 다가가고 싶었다. 그래서 실천했더니 정말 좋았다. 식사하며 내가 믿음으로 지금까지 이 자리에 오게 된 것과 함께 있는 동안 도울 수 있는 것들을 말하고, 그분의 개인적인 생각과 비전을 나누게 되면서 직장의 상하관계가 아니라 같은 식구같은 기분을 갖게 되었다. 두 번째는 담임 선생님들이 바쁘고 학생들을 혼내는 편에 있어 학급에서 다루기 힘든 문제아들과 상담하며 담임을 돕고 안정된 학교를 만들고 싶었다. 그래서 아침에 등교하면 문제아 1,2명과 함께 빗자루를 들고 교내 한 바퀴를 돌며 청소하고, 청소가 다 끝나면 상담실에 앉아 커피 한잔 타 주면서 이런 저런 이야기를 나눈다. 언제는 복도를 지나가는데 내게 '형'하고 부르는 녀석이 있었다. 곧 죄송하다면서 '교감선생님'하는데 그 '형'소리가 정말 좋았다. 세 번째는 회식자리에서 술 먹는 사람이 설치며 자리를 주도하는 것이 아니라 모두가 주인공이 되었으면 하는 마음에 회식자리를 새롭게 이끌고 싶었다. 그래서 교장선생님께 허락을 받고 한사람씩 칭찬해주기 시간을 갖았다. 그래서 돌아가며 한 선생님씩 칭찬을 나누다보니 1시간이 금방 지나고 모두가 주인공이 되어 너무 즐겁고 기분 좋은 시간을 갖았다. 물론 학교가 작아 직원 20명밖에 안되었기에 가능했지만 너무 좋았다.

교감이 되어 함께하는 선생님들을 돕고 섬기고자 하니 도와 줄 일이 너무 많다. 그래서 그렇게 섬기다 보면 그 자리가 돋보일 것 같다. 높은 자리에 있을수록 더 많이 이해하고 섬겨야 할 것 같다. 주님께서 그렇게 사셨던 것처럼 말이다.

10. 때가 되면 어른이 되는 이유

"범사에 기한이 있고 천하 만사가 다 때가 있나니"(전3:1)

내가 어려서 아버지는 넘을 수 없는 산이었다. 결혼하기까지 아버지의 허락을 받아야 했고 아버지의 한 마디에 용기를 얻고 결단을 하였다. 그런 아버지가 노인이 되자 내게 많이 의지하였고 그때서야 나도 아버지가 연약한 한 인간이었음을 알게 되었다. 직장에 처음 들어와서 부장, 교감, 교장 선생님이 하늘같았다. 아무 것도 모르고 그분들의 지시와 가르침에 업무를 하나씩 배워나갔다. 그런데 이제 그 하늘같은 자리에 내가 있게 되었다. 나이가 드니깐 어른이 되었다. 그러나 중요한 것은 어떤 어른이 되느냐이다.

어려서 부모는 높은 산 같았지만 내가 결혼하여 자녀를 키우다 보니 나도 어느덧 아버지가 되어가고 있었다. 자식 때문에 즐거워하고, 싸우고, 달래고, 채워주고, 위로하고, 참아주고 … 다시 결혼한다면 자녀를 낳고 싶지 않고 편하게 살고 싶다는 생각도 든다. 그래도 아버지가 노인이 되어 나를 믿고 의지했던 것처럼 나도 그때쯤 이면 나보다 더 잘되어 있을 아들들의 믿음직함에 의지하며 살 것을 기대하면서 지금의 힘든 과정을 이겨낸다. 정말 어른이 그냥 되는 것이 아니다. 실제 자식이 없이 나이든 사람들은 인생의 반밖에는 못살았다고 할 수 있을 것같다.

직장에서 어느덧 관리자의 자리에 앉게 되었다. 최근 한 후배가 걱정하는 말을 들었다. 그 후배는 젊어서 힘든 일은 회피하고 미울 정도로 쉬운 일을 골라하며 뺀질거리며 편하게 지냈다. 이제 나이 들어 관리자가 되려니 아는 게 없어 걱정한다고 한다. 나의 젊은 시절 가장 큰 걸림돌은 술을 안 하는 것이었다. 20여년 전에는 매일 술자리였고, 모든 업무가 술자리에서 결정되었고, 상사가 권하는 술을 안 먹으면 왕따 당하였다. 나는 "주님, 제가 술을 못하는 대신 다른 능력으로 인정받게 해 주옵소서"라고 기도드렸다. 열정을 가지고 일할 때마다 하나님은 지혜를 주셨다. 이제 이 정도 훈련케 하신 하나님은 젊어서 하늘같던 관리자의 자리에 나를 세우셨다. 승진케 하시는 분은 교장과 사장이 아니라 하나님이시다. 직장의 상사는 하나님이시다. 인생의 주인은 하나님이시다. 나이만 먹은 어른이 아니라 하나님의 청지기로 삶을 즐기고 베풀며 영향력을 주는 위치에 있는 어른다운 어른이 되어야겠다.

11. 내게 더 큰 무기가 된 것

"그런즉 한 범죄로 많은 사람이 정죄에 이른 것같이 한 의로운 행위로 많은 사람이 의롭다 하심을 받아 생명에 이르렀느니라"(롬5:18)

베이컨은 동굴의 우상에 대해 이야기했다. 편견과 오해 속에 사는 것이 우리의 삶인지 모르겠다. 항상 내 입장에서 생각하고 나와 맞지 않으면 틀린 것으로 간주하여 괜스리 감정이 상하는 경우가 많다. 특히, 요새 아이들은 너무 개성이 강해서 조금도 양보하려 하지 않는다. 한 집단이 좋아지려면 누군가 손해보고 양보하면 된다. 한 사람이 죽어지내고 헌신하면 그 집단이 변하고 좋아진다. 그런데 죽어지내기 싫고 손해 보기 싫어 자꾸 갈등이 생긴다.

나는 어려서 항상 죽어지냈다. 여러 면에서 잘하는 것도 없었고 내 형편이 드러낼 만큼 좋지 않다고 생각했기 때문이다. 그래서 앞에 나서지도 못하고 남들이 시키면 그대로 따라 했다. 그래서 나를 좋아하는 사람들이 많았다. 지금 와서 생각해 보니 내가 좋은게 아니라 내가 그들에게 잘 맞춰 주어서 좋아한 것 같다. 그런 나의 성격은 지금도 마찬가지이다. 내가 뜻한 것이 있어도 고집부리지 않고 다른 사람들과 문제를 일으키지 않으려고 한다. 줏대도 없고 자존심도 없이 연약해 보이지만 요새는 이러한 리더십이 돋보이는 것 같다. 지금도 가끔 모임을 하면서 옛날 부장으로 학교를 이끌어 갈 때, 교육청에서 사회과 팀을 이끌며 업무를 수행할 때, 함께했던 사람들이 부장님과 함께하면 부담도 없이 즐겁게 일하면서 항상 결과가 좋았다고 한다. 생각해 보니 그들 앞에 고집부리지 않고 의견을 다 받아들이면서 솔선수범하며 내 뜻대로 했던 것 같다. 외유내강이라 할까?

옛날에는 이런 나의 성격이 마음에 안 들고 싫었는데 이제는 내가 못하는 것을 걱정하기보다 내 것을 더 개발하려는데 신경을 쓴다. 왜냐하면 같은 에너지를 가지고 나를 개발하는데 사용하는 것이 더욱 효과적이라고 생각하기 때문이다. 어떤 사람이 자녀 교육에서 자녀의 부족한 것을 채우려고 노력하기보다 잘하는 것에 더 많이 투자하라는 말이 기억난다. 항상 사람들은 자기가 너무 자신하고 잘하는 것 때문에 실패한다. 잘 못하고 마음에 들지 않지만 그것을 잘 개발하면서 더 큰 무기가 된다는 것을 요새 와서 깨닫게 된다.

12. 나를 표현하는 단어

　우연히 어떤 선생님과 이야기를 나누다가 교감선생님을 가장 잘 표현하는 단어 3가지를 말해 달라는 말을 들었다. 순식간에 받은 질문이라 깊이 생각하지는 않았지만 바로 긍정과 화합과 순종이라는 말을 하였다. 간단하게 그 이유를 말하기는 했지만 이제 다시 생각하면서 나를 표현하는 단어를 써보고자 한다.

　첫째는 "믿음"이다. 모태신앙으로 지금도 나를 아는 모든 사람들은 내가 신앙심이 좋다고 평가한다. 나도 내 삶의 전부가 믿음이다. 술 먹지 않는 이유도, 주말과 주일에 다른 활동을 함께하지 못하는 이유도, 나의 성품과 인격에 대한 반응도 믿음에서 출발한다. 둘째는 "긍정"이다. 나는 내게 닥치는 일에 대해 항상 긍정적이다. 물론 걱정과 염려는 하지만 모든지 할 수 있다고 생각하고 또 사람들과 함께 있으면 그런 분위기를 만든다. 합력하여 선을 이루시는 하나님을 믿기 때문이다. 셋째는 "화합"이다. 다른 사람들과 부딪치거나 싸우기를 싫어한다. 아니 싸움을 못한다. 함께하는 사람들과 어떻게 하면 잘 지낼 수 있을까를 생각한다. 그래서 어쩔 수 없이 나서서 회장을 맡거나 총무를 맡을 때가 많다. 또 서로 잘 모르는 집단에서도 가끔 장을 맡아 서로 돕고 화합하도록 희생할 때가 많다. 넷째는 "순종"이다. 하나님의 말씀을 수용하는 태도로 살다보니 왠만한 상황에서 수용과 순종을 잘하는 편이다. 역사를 전공하며 비판해야하고 논쟁을 해야 하는데 이를 잘 못해서 힘들 때가 많았다. 그러나 순종적인 마인드로 역사 교사로서의 역할은 학생들에게 비판력보다 삶을 사는 지혜로서 수용적이고 적극적이고 함께 즐기는 것을 가르칠 수 있었다. 다섯째는 "섬김"이다. 나보다 한 살이라도 많으면 항상 선배로 생각하고 웃어른들에게 따지기 보다 그분들의 형편을 돌아보고 잘 섬긴다. 지금도 목사님들이나 선교사님들, 선배 교사들을 뵈면 어떻게든지 잘 섬겨보려고 노력한다. 여섯째는 "봉사"이다. 어릴 때 슈바이처의 전기를 읽고 나도 그런 삶을 살기를 꿈꾸기도 하였다. 그래서 대학 때 낙도에 가서 학생들을 가르치는 것을 생각했고, 일 년간 고아원 봉사활동을 했고, 교사가 되어서도 고아원 봉사라든지 장애인 봉사 등을 많이 다녔고, 더 좋은 봉사를 위해 미용기술도 배워 활용하고 이제 퇴직하면 동남아시아 등에 선교사로 나갈 것을 준비하고 있다.

믿음, 긍정, 화합, 순종, 섬김, 봉사… 그밖에 또 있다면 희생(가족과 자녀들에게 대한 생각), 온유(싸우기 싫어하고 나보다 남들을 먼저 배려하려는 생각) 등이 있을 것 같다.

13. 아내의 홈빌더 소개 글

하나님께서는 우리의 만남을 계획해 놓으셨다. 대학 2학년, 아무 것도 모를 때 코가 끼워 단번에 평생 동역자로 남편을 만나게 되었다. 남편은 목회자 가정의 아들로 성장하여 성실하고 긍정적이고 단순한 ISTJ형이고, 나는 8남매 막내로 자유로운 영혼과 생각이 깊은 예술적 감성의 복잡한 ENFP형이다.

결혼 후 남편은 자기 비전과 제자 사역에 집중하고 가정 관리 또한 자기 주도적 계획을 통해 물질 및 시간의 청지기로 신실함을 보이고 훌륭한 가장이자 십 수 년 간 목회하시는 아버님 돕는 일까지 둘도 없는 효자로 가정을 주도하였다. 이러한 남편의 주도에 나는 순종하는 아내라고 칭찬받았지만 뭔가 배려 받지 못하고 오히려 숨이 막히고 자유하지 못하며 한없이 자존감 낮은 힘든 나날 속에 남편과 무던히도 대화하고 기도하며 가정을 공유하려는 몸부림을 치며 엄마이자 아내, 며느리, 교사, 집사 등 슈퍼우먼으로 사는 일에 내 안에 쌓이는 상처와 함께 소리없는 영적 싸움을 하고 있었다. 우리는 오랫동안 서로에게 서로 다른 언어로 말하였다. 나는 모든 것을 함께하고 공유하길 바랐고 남편은 격려와 존중받기를 원했다. 사랑의 언어가 서로 달랐기에 힘써 사랑했노라 하지만 만족할 수 없었다. 그러다 청년부 목사님과 간사들과 함께 홈빌더를 시작하였다. 벌써 8년째. 남편은 배운 것, 알게 된 것은 꼭 실천하는 범생이라 홈빌더에서 내준 숙제를 지키려고 함께 영화도 보고, 발도 씻어 주고, 편지도 나누면서 아내인 나는 신혼을 다시 맞는 기분이라고 고백할 정도로 함께 하는 것에 익숙해져 가고 있다. 사실 직장과 교회에서 맡겨진 일에 우선하는 남편과 가정을 중심으로 가족이 함께하는 것을 우선으로 여기는 아내라는 화성 남자, 금성 여자의 한계를 깨트리지 못했는데 이제 50대 중반에 들어서면서 그 다름을 조금씩 배려하는 행동으로 맞추어 가려는 작은 실천 속에 난 40대 이전으로 돌아가고 싶지 않을 만큼 풍성한 삶을 누리게 되었다고 고백한다.

나이가 들어가면서 가정을 세우신 이 깊고 오묘한 비밀을 깨달아 우리 부부를 통한 하나님의 목적이 이끄는 삶을 함께 바라보게 되니 할 일이 너무 많다. 남편은 여전히 꿈을 꾼다. 남편은 교사인 우리가 퇴직을 하고 해외 선교를 하려면 배울 것이 너무 많다며 봉사활동하며 배운 미용기술과 작지만 크게 효과를 얻을 수지침을 공부하고, 외국에 나가면 언어가 되어야한다며 중국어와 영어에 관심을 갖는데 나중에 어떻게 쓰실지 기대가 된다. 나? 내 한 몸 남편을 잘 섬기고 남편 보조사로 기쁨으로 섬기는 일이 내 일이다 싶어 남편 믿고 탱탱 놀기만 한다. 달라도 너무 다르기에 오히려 보완하고 협력하도록 하신 장기계획 속에 다듬으셨던 하나님의 인자하심과 신실하심으로 너무나 멋지게 세워 주심을 감사드린다.

14. 텐트 캠핑이 좋은 이유

이번 연휴에 가평의 자라섬 오토 캠프장에 텐트를 치고 하룻밤을 지내고 다음날 아침고요수목원을 산책하며 여유로운 시간을 보냈다. 나는 텐트를 치고 캠핑 가는 것을 무척 좋아한다. 벌써 20년 전 성호가 초등 1학년이 되면서 전국 일주를 위해 샀던 텐트를 지금도 사용하면서 말년의 여유를 지내고 있다.

내가 텐트 캠핑을 좋아하는 이유가 몇 가지 있다. 첫째는 20년 전 6년 계획으로 여름마다 텐트를 치며 아이들과 함께했던 추억을 되살리기 때문이다. 가장으로 가족을 이끌고 방학 때마다 캠핑 다니며 함께한 즐거움을 생각하게 된다. 둘째는 숙박시설을 예약하고 찾는데 비용도 비싸고 귀찮기 때문이다. 저렴한 숙박과 아무 곳에나 아무 때나 다닐 수 있어 좋다. 셋째는 엄마 뱃속에서 웅크리고 있었던 막연한 동경, 어려서 스레트 집 옥상 작은 공간에 박스와 합판으로 간신히 앉을 수 있는 공간을 만들어 자주 들어갔던 기억에 작은 동굴에 대한 기대감 때문이다. 텐트 속의 공간은 바로 무의식 속의 상황을 기대하는 것같다. 넷째는 아무 곳이나 아름다운 자연과 함께할 수 있는 여유가 있기 때문이다. 계곡이나 바닷가나 나무 밑의 시원한 곳 등 머물고 싶은 곳에 머물면 된다. 다섯째는 최근 캠핑이 유행하면서 텐트 사용이 자연스럽고 캠핑하는 사람들을 편하게 만날 수 있기 때문이다. 지금은 텐트장이 많이 설치되었고 주변 시설이 좋아져서 캠핑을 즐길 수 있다. 요새는 텐트 칠 곳도 경쟁이 되어 주로 학교를 사용하고 있다. 여섯째는 캠핑을 가기 전에 설레이는 마음 때문이다. 일상의 생활에서 벗어나 편하게 아무 때나 여행을 간다는 것이 새로운 삶의 활력소가 된다. 하지만 불편한 것도 많다. 텐트를 치고 자면 조금 불편하다. 특히 땅에서 습기가 차올라와 뻐근한 느낌이다. 함께 텐트 여행을 다닐 만한 사람이 없다는 것이다. 나이가 들어 편한 것을 찾고 있지만 그래도 아내는 남편을 존중하여 텐트 여행을 항상 함께해 준다. 텐트가 오래되어 곰팡이가 피고 유행이 떨어져 최근 비싼 텐트에 내 놓을 수 없는 느낌이다. 그래도 남들 의식하지 않고 즐긴다.

아이들 어려서 함께했던 추억에 대한 기대감, 자연과 함께하는 멋진 낭만, 엄마 뱃속의 자궁을 그리워하는 정서, 조금 불편하지만 나중에 선교 현장에서의 불편함을 체험하고 준비한다는 마음으로 시간만 되고 여건만 된다면 텐트 여행을 자주하고 싶다. 또 이러한 여행을 함께해 주고 이해해 주는 아내가 고맙기도 하다.

15. 나의 교사 꿈과 실현

"여호와께서 네가 행한 일에 보답하시기를 원하며 이스라엘의 하나님
여호와께서 그의 날개 아래에 보호를 받으러 온 네게 온전한 상 주시기
를 원하노라"(룻2:12)

독일의 관계 철학자 마틴 부버는 '모든 참된 삶은 만남이다'라고
하여 진정한 삶은 만남으로 시작된다고 하였다. 나의 지난 교사의
삶을 돌아보니 내 인생은 만남의 연속이었고, 교사가 되기 전 좋은
사람들과의 만남, 하나님과의 인격적인 만남이 있었고, 그 후 교사
가 되어 그런 만남을 만들어 주는 사람이 되었다.

초등학교 6학년 때 우연히 읽은 슈바이처 위인전에서 음악가, 올
겐이스트, 의사 등 부러울 것이 없던 그가 하나님의 사랑으로 아프
리카의 성자로 추앙받았던 삶을 본받아 자기 희생을 통해 그렇게 살
아 보겠다고 막연하게나마 내 삶의 방향을 정하게 되었다. 그래서
대학 때 고아원 봉사를 즐거워했고, 지금도 퇴직 후에 선교사를 꿈
꾸는 것도 그때의 영향이다. 중학교 3학년 때 남들에게 무서웠던 담
임선생님이 나를 비서로 부르시면서 교사의 삶을 가까이에서 보게

되어 교사의 꿈을 가지게 되었고, 고등학교에 올라와 역사과목을 좋아하여 당시 참고서를 집필하신 선생님의 책을 몽땅 외우면서 역사교사의 꿈을 실현시키기 위해 공부하여 역사교육과에 진학하였다.

대학에서 대학생선교회를 통해 성경공부와 형제들과의 믿음의 교제를 통해 하나님을 인격적으로 만나고 예수님을 나의 구주 나의 하나님으로 고백하면서 대학을 졸업하며 두 가지를 결심하였다. 예수님같은 스승이 되고, 또 사회에 나가 술과 담배를 절대 하지 않겠다는 것이었다. 예수님은 삶에 솔선수범하며 모범을 보여 주셨고, 제자들과 함께하면서 자신의 삶을 가르쳐 주었기에 나도 그러한 교사가 되고자 결심하고 준비하였다.

교사가 되어 산돌(벧전2:4)이라는 닉네임을 가지고, 교사가 해야 할 3가지의 역할에 최선을 다하다 보니 그 때마다 하나님은 사명(벧전2:9)으로 할 일을 보여 주시고, 길을 인도하셔서 더 나은 일, 더 많은 일, 꼭 필요한 일을 하게 하시어 하나님이 쓰시기에 합당한 그릇으로 아름다운 덕을 선포하게 하셨다.

첫째는 학생들과 좋은 만남을 만들어 간 것이다. 20대였던 첫 발령지에서 수업시간에 나를 좋아하는 학생들과 하숙집에서 매주 성경공부를 하며 예수님을 가르치고, 함께 캠핑과 모교방문, 고아원 방문 등을 통해 삶을 실천하다 보니 제자들이 목회자, 전도사, 목사 사모, 선교사가 되었고, 지금도 내게 순장님이라 하며 영적 아버지로서의 권위를 세워 주고, 점심시간의 성경공부, 축제 때 복음성가 대회 등의 이야기를 나눈다. 30대였던 첫 중학교 발령으로 학생들과 편지를 나누며 성의를 다한 결과 스승의 날이면 100여 통의 편지를 받아 일일이 답장을 써준 생각이 난다. 그러나 더 소중한 것은 한 학생과는 3년간 노트 6권의 나눔을, 어떤 학생에게는 8개월간 매일 편지를 나눈 경험이다. 함께 나눈 이야기를 졸업하며 책으로 꾸며 주었는데 12명의 학생들의 이야기가 모아져 있다. 사춘기 여학생들에게 이 소중한 나눔은 함께 했던 데이트, 친구들과 함께한 가정방문, 선생님 집 놀러 왔던 이야기를 나누며 그들의 인생에 큰 영향력을 미쳤는지 그중 2명의 학생에게 주례를 해 주었고, 그들은 지금도 나의 가르침을 또 다른 학생들에게 전하고 있다. 40대였던 교감이 되기 직전에는 나의 전공인 역사를 통해 학생들과 역사탐구, 통일 대비 등의 체험활동으로 답사와 캠핑으로 소중한 제자들을 만났다. 그들은 지금도 만나면 그때 가르쳐준 마피아 게임을 하고 선생님이 준 선물, 가정방문, 답사, 캠핑, 봉사활동 이야기를 나눈다.

두 번째는 교사로서의 전문성을 개발하고 인정받은 것이다. 대학을 졸업하고 전문성에 대한 부족함으로 대학원을 다니고, 영어 공부를 위해 방송통신대 영어과를 졸업하고, 혼자서 논문을 써서 수업에 적용함으로 1996년 전국 현장연구 대회 역사과에서 1등을 함으로 역사과 탐구활동에 대해 내 논문이 교사들의 모델이 되어 연구의 대상이 되었고, 나도 학교와 교육청에서 각종 연구 활동, 집필활동, 출제활동을 하게 되어 경기도 역사 교사의 리더자가 되었다. 학교에서 3차례 연구시범학교를 전담하였고, 생활지도 관련 집필 5회, 역

사 관련 집필 7회, 고등학교 입시 출제 2회, 역사과 임용고시 출제 1
회, 공무원 국사 문제 출제 3회 등 교육과 역사에 있어 전문성을 인
정받게 되었다.

세 번째는 학교에서의 업무와 관계에서 성공한 것이다. 나는 학
교를 옮겨 발령받아 간 첫해만 담임을 하고 나머지는 학교 주요 업
무를 맡거나 부장을 하였다. 교사 초기에는 학생부 업무, 중간에는
연구부, 전산부 업무, 교감이 되기 전에는 교무부 업무를 주로 맡아
학교에서 이루어지는 모든 업무를 섭렵하여 능력을 갖추게 되었고,
교사들과의 관계에서도 술을 하지 않지만 남들의 일을 도우며 긍
정적으로 대처하고 적극적으로 추진하면서 선한 일에 앞장 서고, 덕
을 세우는 일에 힘써서 주변에 선생님들이 나를 좋아하고 인정해 주
었다.

하나님께서는 합력하여 선을 이루어(롬8:28) 남들보다 일찍 교감
으로 승진시켜 주셨고, 이제 교장이 되어 나름대로 지금까지 형성된
생각과 경험을 통해 학생들과 교사들을 돌보게 되었다. "기본에 충
실한 교육, 꿈을 디자인하는 행복한 학교"를 슬로건으로 배워서 남
주고, 만남의 축복을 경험하도록 이끌어 가고 있다.

16. 퇴직하면 하고 싶은 일들

"그 날에 여호와께서 말씀하신 이 산지를 지금 내게 주소서. 여호와께서 나와 함께 하시면 내가 여호와께서 말씀하신 대로 그들을 쫓아내리이다"(수14:12)

교장 연수를 받으며 나의 앞 일에 대해 구상하며 기도한다. 우선 교감으로 청북에서 4년을 지내고 이번에 화성으로 옮기고자 하나님께서 내가 꼭 필요한 곳으로 보내 주실 것을 기도한다. 한 번도 내가 가고 싶은 학교로 가보지 못했기에 이제는 가고 싶은 학교가 아니라 하나님께서 보내 주실 학교를 놓고 기도한다. 만나야 할 사람들, 학생들, 학교 정책들, 그리고 내가 이후에 교장으로 가질 노하우를 배울 수 있는 곳으로 인도하실 것을 기대한다. 때가 되면 기다리다 교장을 나가라고 하지만 그러기 전에 나를 필요로 하는 곳, 내가 가고 싶은 곳, 행복한 학교를 만들고 싶은 곳을 찾아 가고 싶다. 교장 연수를 받으며 정리하고, 그동안 하나님께서 인도하시며 내 안에서 성령의 인도로 만들어 왔던 교육 활동의 모습을 적용할만한 학교를 만나고 또 그러한 기회를 만들어 주실 것을 기대한다.

10년 후 퇴직하면 하고 싶은 것들이 있다. TV에서 남자의 자격, 하고 싶은 101가지 프로그램이 있듯이 교사였기 때문에 하지 못했던 일들, 교사이기 때문에 갖은 전문성을 발휘하고 싶은 일들이 있다. 첫 번째는 하나님의 부르심에 교회를 중심으로 선교 활동을 하고 싶다. 교장이 되면 각 선교지에서 할 수 있는 일들을 준비해서 후진국에 찾아가 선교사를 도우며 교육 활동이나 봉사 활동을 위한 단기 선교사로 나가고 싶다. 가능할지 모르겠지만 의료 계통의 선교를 준비하여 전문적인 선교 활동을 해보고 싶다. 또 그때쯤이면 통일이 되어 북한 선교에 많은 사람들이 동참할텐데 그 중심에 나도 있고 싶다. 두 번째는 나의 전공인 역사를 정리하면서 문화 해설사나 여행 가이드를 하고 싶다. 교장이 되면 그동안 공부한 역사 결과물을 쉽게 설명할 수 있도록 다시 정리하여 교회에서 학교에서 우리의 역사적 사실을 과거 죽은 사실로서가 아니라 지금 우리 삶에 적용할 수 있는 살아있는 교훈으로 문화해설을 연습해보고자 한다. 세 번째는 열심히 장사하고 싶다. 큰 기업으로서가 아니라 내가 열심히 물건을 만들어 팔면서 수고한 만큼 얻는 기쁨을 누리고 싶다. 옛날부터 하고 싶었던 호떡 장사나 찐빵 장사를 하면서 평일에 열심히 팔고 주말에 봉사활동을 나가면 어떨까 한다.

17. 퇴직후 2년간 했던 일들

10여 년전 교장 연수를 받으며 퇴직 후 하고 싶은 일을 썼는데, 2022년 2월 실제 퇴직하고 지난 2년간 하고 있던 일을 돌아본다. 10여년 전 생각한 대로 살지는 못했지만 그때 생각을 바탕으로 일하고 있는 자신을 발견하면서 하나님께서 주신 마음에 소원과 기도로 준비한 제 2의 인생 시작의 발걸음을 띄었다.

첫째는 퇴임하며 그동안 써왔던 글 중 교육과 신앙 칼럼집을 제본하여 후배 선생님들께 나누어 주었다. 그저 지난 39의 교직 생활의 결실을 한권의 책에 담았다는 보람과 즐거움이었다. 그러나 그것이 계기가 되어 교회 목장에서 출판사를 운영하는 순원을 통해 신앙 칼럼집인 '나를 통해 일하시는 하나님'이라는 책을 펴내게 되었고, 특히 '크리스천 부모의 특별한 자녀교육'이라는 책을 서점에 내게 되어 40년간의 교직과 신앙의 삶을 잘 정리한 보람을 가졌다. 둘째는 은퇴 전 2년간 공부하며 준비한 구당 침뜸의 침구 활동을 꾸준히 연구하고 있다. 한의학 침뜸 교재를 만들어 교회에서 기초 한의학 강의와 실습을 해 온 것이 벌써 5기가 되었다. 지금은 긴급 침구의 효과를 보는 사암침법과 응급침법을 가르치고 몸이 아파 침뜸을 원하는 분들에게 임상하며 큰 효과를 보고 있다. 이제 아내가 퇴임하고 나면 함께 우리 교회에서 개척한 캄보디아 시아누크빌의 선교센터에 가서 의료 봉사할 것이 크게 기대된다. 셋째는 의료 봉사를 위해 코로나 기간 동안 일 년에 걸쳐 간호학원에 등록해 간호 이론 6개월과 병원 실습 5개월의 공부를 마치고 간호조무사 자격을 취득하게 되었다. 취업까지는 아니더라도 기본적인 의료 기술을 배워 침구를 통한 의료 봉사에 큰 도움이 될 것이다. 넷째는 그동안 틈틈이 배워 온 악기 연주를 통해 개인적으로 여유를 즐기고, 가끔 양로원이나 노인정, 장애시설에 가서 연주 봉사를 하고 있다. 섹소폰, 클라리넷, 플롯, 바이올린, 아코디언, 하모니카, 기타 등 기초 단계를 지나 자유롭게 연주할 수 있도록 더 연습하고 배우고 있다. 캄보디아 의료 봉사에 곁드려 악기 교육도 함께 하고자 하는 마음이다. 다섯째는 은퇴와 동시에 우리 교회에서 시니어 선교부를 개설하여 2달에 한 번씩 우리 주변의 문화재 답사, 기도회, 봉사활동, 특별 이벤트 등을 통해 교제를 나누고 있다. 특히 한 학기 한번은 교인 전체를 대상으로 버스를 대절하여 기독교 유적지 답사를 운영하여 좋은 반응을 얻고 있어 은퇴 후 문화해설사의 역할을 담당하고 있다. 여섯째는 함께 퇴직한 역사과 동기들과 2개월에 한 번씩 수도권과 충청권을 아우르며 그동안 다녀보지 못한 곳을 답사하며 서로의 역사적 지식과 삶의 지혜를 나누고, 한 학기 한 번씩은 밤새워 그동안 말 못했던 사연들을 듣고 미래를 계획하며 친구들과 인생의 즐거움을 쌓아가고 있다. 일곱째는 아내와 주말에 차박을 하며 그동안 찾지 못했던 국내 관광지를 다니며 많은 대화와 즐거움을 나누고 있다. 대충 3주에 한번 정도 차박을 한 셈인데, 금요일 오후에 출발하여 차박지에서 멋진 저녁식사를 하고 야경을 둘러보고, 아침에 일어나 주변 관광지를 다니며 산책하고 답사한 것이 벌써 40여 곳, 함께 찍은 사진을 모아 100여 개의 앨범을 만들어 추억을 만드는 즐거움도 더하고 있다. 여덟째는 아내가 좋아하는 해외 여행을 함께하고 있다. 우연찮게 안식년을 맞으신 담임목사님과 튀르키에와 알제리를 여행하게 되었고, 캄보디아 선교센터 입당예배를 위해 몇몇 성도들과 캄보디아를 가게 되었다. 또한 아내의 퇴임과 동시에 미국의 친구와 함께 한 달간의 미국 대륙 횡단을 계획하고 있고, 제주도 한달 살기 등 여행을 준비하고 있다. 또한 여행비를 모아 계속적인 해외여행을 다녀볼까 계획 중이다.

이제 아내의 퇴임과 함께 캄보디아 의료 선교를 준비하며 그동안 마음에 소원을 주신 일들, 또 지난 아버지의 소천을 통해 아버지의 선교 유업을 뒤이어 보겠다던 의지를 실제로 실천하고자 하는 때를 맞이하게 되었다. 내가 선교지에 가서 무엇을 하겠다는 것이 아니라 하나님이 준비하신 사람들을 만나 돕고 전도하는 일에 도구로 사용되도록 마음을 내려 놓고 기도하고 있다. 이후에 하나님께서 또 어떤 일들을 보여주실지 무척 기대가 된다.

2장

'하나님의 나라가
임하소서'

믿음 생활에 대하여

1. 걱정이 되어도 담대히 선포해 보자

"빌기를 다하매 모인 곳이 진동하더니 무리가 다 성령이 충만하여
담대히 하나님의 말씀을 전하니라"(행4:31)

조엘 오스틴의 〈긍정의 힘〉에서 자기 가족과 소문난 식당에 가
서 주차시키기 어려울 때, "하나님의 은혜로 좋은 공간을 찾게 될 줄
믿습니다"라고 기도하고 "아빠는 어디에 있든지 하나님의 은혜가
따라 다닌다"고 선포해 놓고 혹시 안 되면 어떻게 할까 걱정했는데
바로 앞에서 차가 빠져 나가 가장 좋은 자리에 주차하고 자랑스러워
하며 하나님의 은혜를 기뻐했다는 글이 생각난다.

교감 연수를 마치고 학교에 돌아오자 고3 담임 중 한사람이 갑
자기 부산으로 발령받는 바람에 대학 입시를 앞두고 비상이 난 모양
이었다. 교장, 교감은 학생뿐 아니라 학부모까지 배려하여 경력있는
교사가 맡아 주기를 바라며 여러 사람들에게 담임 맡길 것을 권유했
는데 결국 내 차례까지 왔길래 선뜻 허락하고, 2학기부터 밤10시까
지 남아 야자 감독을 하고 학생들과 상담하며 수시 원서를 쓰고 있

다. 직장에서 어려운 일을 맡는 것은 힘들기는 하지만 그만큼 결과는 돋보인다. 하지만 내가 상사를 위해 일하는 것이 아니라 나의 직장에서 하나님을 위해 일한다고 생각하면 당연한 일일 것이다. 수시원서를 쓰기 위해 상담하면서 학교를 결정하고 아이들의 손을 잡고 기도를 해 주었다. 인생에 결정적 시기에 하나님께 맡기는 지혜를 갖으라고 계속 훈화하고 있다. 그러면서 이렇게 기도했는데 '하나님이 은혜를 주시지 않으면 어떻게 하나'하는 걱정도 있다. 조엘 오스틴처럼 내가 무엇을 하든지 하나님의 은혜가 따라 다닌다는 것을 과감히 선포하니 하나님이 일을 이끌어 주실 것을 간절히 기도하게 되고, 또 여러 사람들에게 기도를 부탁하게 되었다.

신앙 생활에서 나를 통해 하나님이 드러나고 영광 받도록 담대히 선포할 때가 있어야겠다. 이 일은 내가 할 수 없기에 하나님께 맡기게 된다. 하나님이 인도하실 것을 확실히 믿고 다른 사람들에게 하나님의 은혜를 담대히 선포하는 믿음이 참 멋지다고 생각한다. 왜냐하면 그러면 기도하게 되고 기도를 부탁하게 되고 하나님께서 함께하시며 살아계심을 경험하기 때문이다.

2. 살아있는 지식이 믿음이 되기 위해

"믿음이 그의 행함과 함께 일하고,

행함으로 믿음이 온전하게 되었느니라"(약2:22)

    나는 역사교육을 전공하였다. 중학교 3학년 담임선생님을 보며 역사 교사가 되겠다는 생각을 했다. 고등학교 때 역사를 무척 잘했고, 지금 학생들을 가르치는 내용도 고등학교 때 역사 실력인 것같다. 그런데 나는 역사를 공부할 만한 능력이 못 된다는 것을 대학에서 알게 되었다. 역사를 공부하려면 사실을 비판할 줄 알아야하고 사물을 창의적으로 보는 관점이 필요한데 내게는 그런 능력이 부족했다. 어릴 때부터 남들을 비판하거나 판단하는 것을 죄악시했고, 상대방에게 상처를 주는 일을 못하여 상대와 이야기할 때 항상 내 생각을 먼저 바꾸었고, 집단 속에서 나를 숨기거나 표현하지 못했다. 그러다 보니 성경공부를 더 많이 한 것 같다.

    그러다가 아주 중요한 것, 두 가지를 배우게 되었다. 하나는 역사란 "과거와 현재와의 끊임없는 대화"(E.H.Carr)라는 것과, 또 하나는 매일 성경 말씀을 묵상하며 삶에 적용해야 한다는 것이었다. 과거의 사실 그 자체는 죽은 역사이다. 그래서 과거의 사실을 현재와 내 자신에 적용하는 것이 중요하여, 콜링우드는 모든 역사는 현대사라고 하였고, 역사의 구성주의(과거의 것을 내 현실에 재구성하여 의미를 주는 것)와 역사의 추체험(과거의 사실을 지금의 상황에서 다시 경험해 보는 것)이 강조되었다. 지금도 나는 역사 수업 시간에 과거의 사실이 지금 나와 무슨 상관이 있고, 의미가 있는지를 가르친다. 역사는 잘 못했지만 역사 교사 역할을 잘했다는 생각이 든다. 성경도 말씀 그 자체는 지식에 불과하다. 그 말씀이 내 안에서 살 수 있도록 성령의 인도를 구하고 내 생활에 적용하여 회개하고 감사하고 기뻐해야 한다. 그래서 하나님의 말씀은 살았고 운동력이 있도록 해야 한다. 지금도 나는 성경 공부할 때 마다 꼭 말씀을 통해 은혜를 나누고 변화를 추구한다. 삶에서 실패한 이야기, 축복받은 이야기가 서로에게 힘이 되기 때문이다.

알고 있는 지식은 내 삶에 적용되고 의미가 주어질 때 변화가 가능하다. 묵상하고 배우는 말씀이 내 삶에 적용되고 결단으로 표현될 때 진정한 믿음으로 나타난다. 우리의 생활과 믿음에서 부족한 것이 있다면 알고 있는 지식으로 그치고, 아는 게 많아 더 교만해지는 것이다. 행함 없는 믿음은 죽은 믿음이다. 배운 지식과 말씀을 내 삶에 적용하여 말과 행동이 일치하는 믿음이 진정한 믿음이다.

3. 기도의 응답

"너희가 기도할 때에 무엇이든지 믿고 구하는 것은
다 받으리라"(마21:22)

지난 9월, 고3 담임을 맡고 난 후, 학생들 수시 원서를 쓰면서 손
잡고 기도해주고 하나님의 영광을 위해 기도 부탁했던 것을 기억하
고 있는지 모르겠다. 학생들 인생에 처음 맞는 중대한 길목에서 자
기 능력보다 하나님이 인도하심이 더 크다는 사실을 알게 하고 하나
님께 맡기고 기도하는 것이 중요하다는 것을 가르치기 위한 담임의
역할이었다. 괜스리 기도의 응답을 받지 못하면 믿지 않는 학생들에
게 담임이 거짓말한 것 같아 큰 부담을 가지고 기도의 동역자들에게
기도 부탁을 하였다.

결국 하나님께서는 기도의 응답을 주셨다. 수능을 앞두고 수시
를 썼던 학생 중 한명만 빼고 모두 합격하였다. 이중에는 자기 실력
에 맞추거나 낮게 써서 붙은 학생도 있지만 도저히 붙을 수 없는데
도 붙은 학생도 있었다. 한 학생은 어머니가 오셔서 꼭 그 대학으로

진학하겠다고 하여 교회 다니시는 것을 알고 서로 열심히 기도하자고 하며 원서를 접수시켰다. 기적처럼 합격하였다. 서로 부둥켜 안고 하나님께 감사하며 한동안 교회 다니지 않은 것을 회개하고 4영리로 주님을 영접하였다. 학급에 그런 일이 있고 난 후 예체능 진학생들과 수능만을 준비한 학생들이 담임에게 기도 제목들을 내놓으며 기도를 부탁했다. 하나님이 영광 받으시는 순간이었다.

하나님께서는 당신이 영광 받을 일에 대해서는 꼭 이루어 주심을 확신한다. 이제 11월 16일에는 수능 시험을 본다. 대학 입시를 준비하는 가까운 사람들을 위해 기도하는 일을 쉬지 말아야겠다. 하나님이 영광 받으실 일이다. 하나님 안에서 소중한 사람들이기에 안정된 대학 생활을 하며 제자훈련도 받고, 교회 봉사도 하고, 하나님 안에서 자신의 사명을 찾고 일할 수 있도록 해야 하기 때문이다. 이제 또 함께 기도하고 응답받고 싶은 것이 있다. 최근 우리 나라 경제적 위기 상황에 젊은이들이 설 자리가 없어진다는 사실에 젊은 세대들이 희망을 잃어가고 있다. 이제 우리 나라에 정직하고 올바른 믿음의 정책가들과 리더자들이 세워져 경제가 회복되고, 사회가 안정되고, 젊은 세대들이 대학을 졸업하고도 할 일이 많아 취업하고 사회에 기여할 수 있는 길이 열리도록 기도해야겠다.

4. 작은 기도처

"너는 기도할 때에, 골방에 들어가 문을 닫고서,
은밀하게 계시는 네 아버지께 기도하라"(마6:6)

"우리 집에 제일 높은 곳, 조그만 다락방, 넓고 큰 방도 있지만 난 그곳이 좋아요" 다락방이라는 대중가요의 가사이다. 난 이 노래가 참 좋다. 그래서 옛날에는 자주 불렀다. 여러 식구가 좁은 방에서 살면 짜증 나겠지만 나만의 작은 골방이 있으면 좋다. 어릴 때 친구들과 합판과 상자로 옥상에 작은 요새를 만들어 비좁은 곳에서 항상 모여 작전을 짰던 기억이 난다. 겨울에 눈이 오면 눈집을 만들어 토굴 같은 곳에 들어가 친구들과 함께 잤던 기억이 난다. 인간은 좁은 공간에 들어가 있으면 답답하기도 하지만 세상에 태어나기 전에 엄마의 뱃 속에서 지냈던 생각 때문인지 그런 곳을 그리워하는지 모르겠다.

나는 이사 다니고 새집에 들어 가도 항상 나만의 작은 방을 꾸미려고 애를 썼다. 혹은 서재로, 혹은 쉼터로, 혹은 힘들 때 들어가 편히 잠잘 수 있는 곳으로, 혹은 기도하고 싶을 때 방해받지 않고 기도할 수 있는 곳으로 꾸몄다. 이번에도 이사하면서 베란다를 꾸며 작은 방을 만들었다. 이사 가면서 왠만한 것들은 다 버렸는데 이 방에는 그 전 집에서 쓰던 책상과 쇼파와 책꽂이, 컴퓨터 등을 이곳에 맞게 개조하여 넣었다. 이사했다고 집들이 온 사람들이 깨끗하고 넓은 방들보다 이곳에서 아늑함을 느낀다고 오랫동안 머물러 있으면서 좋아했다. 로버트 멍어의 '내 마음 그리스도의 집'이라는 소책자가 있다. 나는 이 곳에 앉아 있으면 주님이 바꾸어 주신 내 마음의 그리스도의 집처럼 편안함을 느낀다. 새벽마다 일어나 제일 먼저 가는 곳이다. 조용한 음악을 틀고 주님을 만나는 곳이다. 이곳에 앉아 좋은 생각들을 만들어 내는 곳이다. 내가 알고 있는 사람들을 매일 만나는 곳이다. 하루를 준비하고 계획하는 곳이다. 저녁에 피곤하여 이곳 쇼파에 누워 창 밖의 나무와 하늘의 별을 보며 마음을 다스리는 곳이다. 혹은 아내와 차 한 잔 하면서 사랑을 속삭이는 곳이다.

작지만 나만이 기도하는 공간을 만들어 아늑함을 느낀다. 주님이 새벽 미명에 한적한 곳을 찾아 기도하시며 하나님을 만나고 하루를 계획하며 영적인 힘을 얻었던 것처럼 나만의 영적인 힘의 원천지를 정해 하루의 영적 에너지를 얻는다. 주님을 영접하여 변화된 내 마음이 항상 주님을 만나 힘을 얻을 수 있는 작은 그리스도의 집을 만들어 본다.

5. 하나님, 예수님, 성령님

내가 믿으며 궁금한 것 중의 하나가 삼위일체 하나님이었다. 삼위일체란 성경에 나타난 하나님을 표현한 인간의 말이라고 한다. 그러나 삼위일체를 바로 이해하여 가르쳐 줄 수 있는 사람은 아무도 없다고 한다. 우리가 믿을 때 하나님을 믿는 것인지, 예수님을 믿은 것인지 잘 모를 때가 있다. 또 삼위일체 세분이 어떤 역할을 하는지 하나씩 떼어내면 알 것 같은데 또 그렇지도 않다. 그러나 오랜 믿음의 생활을 통해 나름대로 이해하고 체험하면서 나의 신앙을 바로 세우게 되었다.

어려서 믿음을 처음 가질 때 나의 믿음의 대상은 하나님이었다. 어른들이 하나님을 믿는 거라고 했고 또 보이지 않지만 우리를 창조하신 분으로 당연히 순종해야 하는 것으로 이해하였다. 그러다가 주일학교에서 예수님을 많이 듣고 배우면서 나의 믿음은 예수님이 더 가까워졌고, 고등학교 때 부흥회마다 성령받으라는 말을 들으며 성령을 알게 되었고, 그 성령님은 이상한 능력을 행하는 힘으로 이해하였다. 그러다 대학 때 성경 공부하며 다음과 같이 생각하게 되었다. 세분의 역할에 대하여 하나님은 나를 창조하시고 나의 모든 것을 책임지시는 아버지 같은 분으로, 예수님은 나의 죄를 사하시며 부활의 능력을 주시므로 막연한 하나님을 실제로 믿을 수 있게 도와주신 선생님 같고 친구 같은 분으로, 성령님은 내 마음에 항상 함께하면서 방향을 잡아주고 지혜를 주시고 말씀하시고 삶의 능력을 주시는 분으로 이해하면서 하나님이 한분으로서 나의 삶 전체를 인격적으로 인도하시는 하나님으로 인식하게 되었고, 이것은 나의 믿음을 더욱 확고하게 하였다.

이제 나는 나를 그대로 받으시고 사용하시는 인격이신 성령님을 좋아한다. 그분은 나로 하나님에 대하여 확신을 갖게 했고, 예수님을 영접하게 했고, 지금은 나에게 능력을 주셔서 나의 삶을 변화시키시고 내가 영적으로 살아가도록 힘을 주시고 계신다. 그분은 내곁에 함께하시면서 항상 내게 말씀하신다. 아름다운 자연을 통해 하나님을 발견케 하시고, 나와 관련된 사건 속에서 깨닫게 하시고, 나와 함께한 믿음의 공동체 속에서 사랑과 은혜를 나누며 격려하시고, 기도할 때 생각과 지혜와 비전을 주시고, 말씀을 볼 때 깨달음을 주신다. 성령님이 나와 함께하는 목적이 처음에는 주님을 믿고 깨닫게 하는 것이었는데 이제는 나로 삶의 현장에서 사람들에게 기쁨을 주고 덕을 베풀라고 하신 것 같다. 그래서 성령 충만하기를 간구하며 성령을 의지하며 산다.

6. 무엇을 간증할 것인가?

"그들이 다 성령의 충만함을 받고 성령이 말하게 하심을 따라
다른 언어로 말하기를 시작하니라"(행2:4)

믿는 사람은 항상 간증할 거리를 준비하고 있어야 한다. 간증을
하기 위해서는 내 삶 속에서 예수님을 만나고 순간 순간 주님의 역
사를 체험해야 한다. 간증은 어떤 이벤트를 전하는 것이 아니라 평
범한 삶 속에서 "하나님을 경험하는 삶"을 나누는 것이다.

간증은 내가 주님을 만난 사건, 주님을 믿고 변화된 나의 삶을 이
야기하는 것이다. 그래서 간증은 내 자랑이 되지 않도록 조심스러워
야 한다. 그저 내가 순종하고 내려 놓았더니 나를 통해 하나님께서
일하신 모습이 전해져야 한다.

내게 내 인생을 바꾸어 놓고 항상 내 안에 살아계신 하나님을 신
뢰하게 했던 간증거리가 몇 가지 있다. 30년 전 대학 입시에서 금식
으로 재수를 준비하며 하나님께서 목표로 주신 대학을 놓고 준비할
때 넉넉하게 합격하여 CCC를 통해 인격적으로 주님을 만나고, 하

고 싶은 교사를 하고 덤으로 지금의 아내를 만나게 하신 사건, 대학을 졸업하고 방위로 군에 갈 때 동사무소 중대장이 로비자금을 주면 동사무소로 빼줄 수 있다고 했을 때 과감히 거절하고 훈련소에 갔지만 하나님께서 나로 군종사병이 되게 하신 사건, 가정에서 결혼을 허락하지 않았을 때 아내와 40일 기도를 하고 결정해 달라고 했을 때 기도를 마치자마자 결혼 날짜를 잡게 되었던 사건, 교사가 되어 내가 원하는 학교로 옮기고자 기도할 때마다 한 번도 원하는 학교로 가지 못하고 하나님께서 예비해 놓으신 꼭 필요한 학교로 발령을 내 주셔서 일마다 인정받고 일찍 교감 승진을 이루어주신 사건, 장학사 시험을 두 번씩 치루면서 첫 번째는 0.5점차로 떨어지게 하시고 두 번째는 역사과를 뽑지 않아 포기하게 함으로 전적으로 하나님께 나오게 했던 사건, 고3 담임을 맡아 믿지 않은 학생들의 손을 잡고 하나님께 기도드렸을 때 모두 원하는 대학으로 합격시켜 주셨던 사건, 교회에서 중고등부 학생을 대상으로 비전스쿨을 하며 아무 상식과 준비도 없이 여름에 중국 선교를 가겠다고 선언했을 때 함께 선교에 동참하실 경력있는 전도사님을 불러주셨던 사건 등 셀 수 없이 많이 있다. 그러나 바로 지금 내가 살아가며 내 안에서 일하시는 하나님을 순간 순간 경험하는 것이 나의 더 큰 간증거리이다.

7. 기도와 관련된 격언

"나는 너희를 위하여 기도하기를 쉬는 죄를 결단코 범하지 아니하고 선하고 의로운 길을 너희에게 가르칠 것인즉"(삼상12:23)

기도와 관련된 성경 말씀은 많지만 내가 인상 깊게 듣고 마음에 새긴 기도와 관련된 격언이 두 가지 있다. 하나는 "기도보다 성령보다 앞서지 말라"는 말이고, 또 하나는 "기도하지 않고 성공했다면 성공한 것 때문에 망한다"는 말이다. 그래서 온 식구가 기도 생활을 잘하기 위해 컴퓨터 바탕화면에 기도하는 손 그림과 함께 위의 구절을 적어 놓았다.

"기도보다 성령보다 앞서지 말라"는 말씀은 옛날 선교단체에서 순장을 맡고 있을 때 우리 간사님이 즐겨 쓰던 말이다. 그러면서 무슨 일이 있든지 기도부터 하라고 하여 그대로 실천하면서 많은 사람들에게 믿음이 좋다는 말을 듣곤했다. 그래서 어떤 일을 하든 기도부터 하는 것이 습관이 생겼고, 기도하지 않으면 불안하기도조차 했다. 그 덕분에 하나님께서 함께 하심으로 많은 축복을 받았다. 이 말씀은 성경의 "너희는 먼저 그의 나라와 그의 의를 구하라"는 말씀과 통하는 것 같다. 가끔 무엇을 기도할까, 어떻게 기도할까 망서릴 때면 먼저 주의 뜻을 구하면 기도가 풍성해진다.

"기도하지 않고 성공했다면 성공한 것 때문에 망한다"는 말씀은 스펄전 목사님의 말씀 중에 하나이다. 기도의 중요성과 그리스도인이 기도 없이 행동하지 말라는 말씀이다. 나는 교감이 되기 전에 자주 연수를 받았다. 연수는 승진을 위한 중요한 도구이고 성적도 좋아야한다. 부끄러운 이야기지만 교사들이 컨닝을 더 잘한다. 연수를 마치고 시험을 볼 때면 "하나님, 컨닝하여 좋은 점수받기보다 나쁜 점수를 받아도 정직하게 교감이 되게 해 주십시오"라는 기도를 드리곤 했다. 우리는 가끔 작은 것을 얻으려다가 큰 것을 잃을 때가 있다.(소탐대실) 혹시 기도하지 않았는데도 일이 잘 풀리고 좋은 일이 생긴다고 좋아하지 말라. 하나님께서 준비해 놓으신 더 큰 것을 잃게 될 것이다. 혹시 기도하는데도 일이 안 풀리고 잘 안되어도 걱정하지 말라. 내 경험에 의하면 하나님께서는 나쁜 점수를 주어도 결국에는 승진을 하게 하신다. 최근에 잘 나가던 미국 금융 위기나 잘 나가던 대스타의 자살이 혹시 이런 것이 아닌가 싶다. 혹시 지금은 힘들어도 우리의 결말은 우리가 생각하지 못하는 더 좋은 것으로 끝날 것이다. 왜냐하면 항상 기도하면서 하나님께서 지켜주시기 때문이다.

8. 기도의 사람

"다니엘은 뜻을 정하여 왕의 음식과 그가 마시는 포도주로 자기를 더럽히지 아니하니라"(단1:8)

우연찮게 9.11테러에 세계무역센터 직원의 극적으로 살아 남게 되었다는 믿음 좋은 사람의 간증을 듣게 되었다. 요지는 테러가 일 어나는 날 무역센터에서 세계 각국의 이사들의 모임을 주관해야 하 는 일을 맡아 빨리 나와야 하는데 그날 새벽 아내가 배탈이 나서 걱 정해 주며 자기도 커피를 먹지 않겠다고 다짐하며 공항으로 가다 가 커피대신 사먹은 딸기 쥬스 때문에 뉴욕 공항에 내려 30분간 화 장실에 있다가 세계무역센터에 늦게 도착하여 도착할 때쯤 비행기 가 건물에 부딪히는 것을 보고 택시를 돌려 나와 살게 되었다고 한 다. 그러나 그 일이 우연한 것이 아닌 것이 그는 매일 새벽 2시간을 기도하는 사람이었고, 자신이 하는 모든 일은 하나님의 영광을 위해 한다며 그리스도인의 자존심과 자신감을 갖은 사람이었고, 특히 10 의 9조를 드릴 줄 아는 믿음의 사람이었기 때문이다.

그는 다음과 같이 4가지를 항상 기도한다고 한다. 첫째는 다니엘의 기도이다. 다니엘처럼 하나님을 믿는 자의 경건함을 지키게 해달라고 기도한다. 경건함을 지키다 사자 굴에 갔지만 모든 삶이 하나님 중심이기에 하나님께서 지켜 주신다. 둘째는 에스더의 기도이다. 죽으면 죽으리라, 잃으면 잃으리라는 기도이다. 홍해를 건널 때도 몸이 물 속에 잠길 때쯤 물을 가르셨다. 잃을 각오를 하고 주의 일을 감당하면 하나님께서 다 채워주신다. 셋째는 여호수아의 기도이다. 강하고 담대하라 두려워하지 말라 내가 너와 함께 하리라는 격려의 기도이다. 항상 힘들 때마다 하나님이 격려해 주셔서 담대하게 하나님의 일을 할 수 있었던 것이다. 넷째는 갈렙의 기도이다. 주여, 이 산지를 내게 주소서라는 기도이다. 기도만 하고 앉아 있는 것이 아니라 젊은 청년처럼 도전하고 일하는 것이다.

모든 생각과 판단과 행동의 중심에 하나님이 계시기에 하나님은 나를 통해서 당신의 일을 하시고, 나는 하나님의 일을 하게 된다. 그리스도인으로 자신감을 갖고 경건한 마음을 지키고 도전하는 삶은 살아있는 믿음의 삶이다. 하나님께서 테러 속에서 당연히 죽을 수밖에 없는 자리에서 이 사람을 구하신 것은 그런 하나님의 사람이었기 때문임을 믿는다.

9. 하나님의 부르심을 아는 것

예수님을 믿고 난 후 그리스도를 닮아가려고 애쓰고 그렇게 살려고 하지만 너무 힘들다는 사실을 곧 알게 된다. 예수님처럼 사는 것은 사실 불가능하다. 혹은 그리스도인임을 드러내는 것, 매일 주님을 묵상하는 것, 사람들과의 관계에서 나를 죽이며 사는 것, 혹은 주님의 부르심에 순종하여 내 것을 버리는 것 등등. 제대로 실천할 수 있는 것이 하나도 없다. 그래서 그리스도인의 바른 삶을 위해 세 단계의 하나님의 부르심을 바로 알아야 할 것 같다.

먼저는 구원으로의 부르심(belonging)이다. 원래 모든 사람들은 하나님께 속해 있을 때 자신의 삶의 목적을 알게 된다. 그래서 예수님을 알지 못하고 죄 중에 살고 있을 때, 죄인인 나를 부르심으로 주님께서 나에 대해 놀라운 계획과 사랑을 가지고 계심을 믿고 주님을 영접하게 된다. 즉 이런 저런 이유로 주님이 부르실 때 주님을 영접함으로 세례도 받고 교회에 출석하는 등 내가 주님께 속하게 되는 것이다. 둘째는 거룩함으로의 부르심(being)이다. 우리는 거룩하게 살도록 하나님이 특별히 부르신 귀한 존재이다. 주님을 알고 난 후, 작은 것에도 주님께 맡기는 것을 배우고, 순종하는 것을 배우고, 경건의 삶을 훈련하면서 주님 안에서 자신의 정체성을 나타내는 것이다. 그래서 어디서나 그리스도인임을 드러낼 수 있고, 사람들과의 관계에서 나를 생각하기보다 타인을 배려하면서 섬김의 삶을 살 수 있는 것이다. 내가 행복해지기보다 나를 통해 주변의 사람들을 행복하게 만들 수 있는 것이다. 셋째는 사역으로의 부르심(doing)이다. 모든 성도들은 각자의 은사에 따라 하나님의 일을 해야 한다. 교회에서만 하는 일이 하나님의 일이 아니다. 우리 삶의 현장 모든 곳에서 주님의 일을 해야 한다. 하나님의 부르심에 응답하는 믿음 안에서 가정에서, 학교에서, 직장에서, 교회에서 주님의 일을 해야 한다. 그 일은 단편적인 목표가 아니다. 그 일을 내 평생에 행하여야 할 삶의 방향이고 목적이다. 공부하고 취직하고 자녀를 교육하고 교회에 봉사해야 하는 이유 등의 답이다. 교회에서는 믿는 사람이 모였을 때 주의 일을 하고, 세상에서는 믿는 사람이 흩어졌을 때 주의 일을 하는 것이다.

하나님의 부르심을 바로 알게 되면 그리스도를 닮아가게 된다. 내가 하는 일이 힘들고, 주님을 위해 하는 일이 부담이 되고 어려운 것이 아니라 항상 기뻐하고 모든 일에 감사하게 된다. 내가 주님께 속했는지 확인하고, 내가 거룩한 존재인 것을 확신하여 무슨 일을 하든지 주님께 하듯 해야한다.

10. 85세의 청년 갈렙

"그 날에 여호와께서 말씀하신 이 산지를 내게 주소서..."(수14:12)

청년목회의 경험을 여호수아서를 통해 생각하게 하는 공성식 목사님의 "청년목회"라는 교재를 나누며 85세의 청년 갈렙의 삶을 묵상한다.

우리가 생각하는 청년은 2,30대의 나이로 생각하지만 여호수아서에서의 청년은 변치 않는 청년 정신을 이야기한다. 젊어도 용기와 목표가 없는 노인같은 청년이 있는가 하면 나이 80이 되어도 끝없이 도전하고 일하는 청년같은 노인이 있다. 여호수아서에서 갈렙의 청년 정신은 '하나님을 온전히 좇았다'라는 자신의 고백과 이스라엘 선배 지도자와 동료 지도자의 인정에서 알 수 있다. 우리는 갈렙의 삶에서 청년 정신을 보아야 할 것이다. 갈렙은 성실했다. 성실은 언행일치이며 일관된 삶이다. 처세술에 익숙해 얄팍한 이익에 함부로 말을 바꾸는 사람이 아니었다. 갈렙은 하나님이 주신 약속을 끝까지 붙잡고 살았다. 약속은 자신과 한 것이든 타인과 한 것이든 본질적으로 하나님과 한 것이기 때문이다. 갈렙은 체력, 지력, 영력을 지속적으로 관리해 나갔다. 체력을 관리해 노익장을 과시하고 최신 지식을 얻으며 신지식인이 되었고 하나님과의 관계를 깊이 하였고 인맥관리와 자신의 감정 관리를 잘하였다. 갈렙은 하나님으로부터 위대한 일을 기대하며 그 일을 시도하였다. 여호수아에게 찾아가 하나님께서 약속한 이 산지를 내게 주소서라고 간청하였다. 자신의 한계 밖의 것을 향하여 도전하며 나아갔다. 여분네의 아들 갈렙은 부모로부터 아무 것도 물려받지 않고 자수성가한 사람이다. 그의 성공은 세습의 기득권으로 시작한 것이 아니라 자신의 도전과 성실로 일구어 낸 것이다.

성경에서 갈렙이 그런 인물이라면 지금 미국의 91세의 앵커 월터 크롱카이트가 그런 인물이다. 그는 26세 종군기자로 시작하여 1981년 65세의 나이로 CBS 앵커로 은퇴했다가 지금 91세에 다시 앵커로 섰지만 최고의 인기를 누리고 있다. 그는 삶의 정신을 정직, 성실, 믿음, 프로정신이라고 하며 이를 잘 관리하고 있다. 청년이란 하나님을 온전히 좇으며 언제나 변함없이 풍요로운 삶을 누리는 사람들이다.

11. 우선 순위

"너희는 먼저 그의 나라와 그의 의를 구하라.
그리하면 이 모든 것을 너희에게 더하시리라"(마6:33)

현대의 바쁜 생활에서 여러 가르침 중에 "우선 순위"라는 용어를 많이 들었을 것이다. 그 말을 처음 들었을 때, "바로 이거야"하면서 내 삶에 우선 순위를 정하려고 애를 썼던 기억이 난다. 나도 "우선 순위"라는 말을 대학 때 성경 공부를 하면서 처음 들었다. 그 후로 내게 우선 순위는 항상 믿음 안에서 정해지게 되었다.

우선 순위는 내 믿음의 표현이고, 내 가치관의 기준이며, 내 의지의 단면이고, 내 삶의 목적의 시작이기도 하다. 내가 젊어서는 한 가지 일에만 전념하면 되었다. 그런데 나이가 들면서 여러 가지 일을 동시에 할 때가 많아졌다. 한 가지 일을 하다가도 생각지 않은 일이 생겨 이를 먼저 처리해야만 하게 되면 짜증이 난다. 주말이 되면 모임이 자주 겹친다. 하나를 선택해야 하니 다른 것은 포기해야만 한다. 우선 순위가 정해지지 않고 일을 하거나 선택해야만 하게 되면 정신과 마음이 흩트러진다. 그래서 일의 순서를 정하고 바른 것을 선택하는 습관은 아주 중요하다. 그 때 그 순서를 정하고 선택하는 기준이 바로 믿음이다. 나는 기도할 때 "먼저 그 나라와 그 의를 구하게 하옵소서"라며 시작한다. 그러면 기도가 풍성해지고 기도의 지경이 넓어진다. 기도의 우선 순위가 정해지므로 그 방향이 잡히고 주님의 뜻을 알게 된다. 우리가 삶에서 우선 순위를 정해야 할 이유는 하나님의 일을 효율적으로 하기 위함이다. 우리는 하나님이 나를 통해 일하시도록 부르심을 받은 존재들이다. 하나님의 일과 관계없는 것에는 하나씩 포기해야 한다.

요새 모든 사람들은 너무 바쁘다. "바쁘고 힘들어서 일을 못하겠다" 하지 말고, 하나씩 정리해 나가면서 믿음으로 우선 순위를 정했으면 좋겠다. 우선 순위는 하나님의 일, 즉 말씀 훈련과 양육과 봉사와 풍성한 교제이다. 그 일을 이루기 위해 포기할 것은 포기하고 헌신하며 열심히 일할 때 그 빈 자리를 하나님께서 채워주셔서 축복을 주시리라 믿는다.

12. 인생의 사계절

"인생은 그 날이 풀과 같으며 그 영화가 들의 꽃과 같도다"(시103:15)

2006년이 다 지났다. 이제 내년이면 나도 우리 나이로 49살이 되니 지나 온 날들에 함께 하신 하나님께 감사하고 새해에 함께 하실 주님을 기대하면서 나의 경험을 생각하며 사람이 살아온 인생을 돌아보고 앞 날을 기대해 본다. 내게 1,20대는 봄 같은 시절이다. 부모와 어른들의 도움으로 열심히 씨 뿌리는 시기였다. 특히 이때 만난 사람들에 의해 내 인생의 방향이 결정된 것이 많았으니 이 시기에는 좋은 만남이 중요한 것 같다. 지금 그러한 아이들은 만나는 나로써는 그들에게 좋은 만남을 만들어 주기 위해 노력하고 있다. 또 이때 이루어진 성공과 실패, 모두가 성공이라 생각한다. 이 시절에 꼭 해 주고 싶은 말이 있다면 빌게이츠의 "공부할 줄 밖에 모르는 바보들에게 잘 보여라. 사회 나온 다음에는 아마 그 바보 밑에서 일하게 될지 모른다."이다.

3,40대는 여름 같은 시절이다. 봄에 뿌린 씨들이 왕성한 열매를 맺도록 노력하는 시기이다. 이때는 무척 바쁘지만 성숙해 가는 것이 기분이 좋다. 결혼도 하고 자녀도 키우고 직장에서 인정받고 교회에서 봉사하는 등 정신없이 지내지만 내가 속해 있는 곳에서 나름대로 자리를 차지하고 보람을 갖을 때이다. 이 시절에 꼭 해 주고 싶은 말은 "바쁘게 돌아가는 시계가 되지 말고, 방향을 정해주는 나침판이 되라."이다. 목적 없이 열심히 일하는 것은 한 곳을 뱅뱅 도는 것과 같다. 하나님 안에서 삶의 목적과 방향을 바로 잡는 시기가 되어야 한다.

5,60대는 가을 같은 시절이다. 그동안 힘써 지었던 것들을 추수하고 거둘 때이다. 풍요로운 사람 관계, 물질, 일, 봉사 등. 또 이때는 자녀들도 결혼해 나가고 직장도 퇴직하면서 지금까지 베풀었던 삶에 대한 보답을 받을 뿐 아니라 모아 둔 자금으로 남들을 베풀며 사는 여유로운 시기이다. 그래서 하나님께서 지금까지 인도해 주심을 더욱 감사하며 지금까지 함께했던 사람들을 돌아보며 섬기는 삶을 살아야 한다고 생각한다. 이 시절에 꼭 해주고 싶은 말은 서산대사가 말한 "눈덮인 야산을 걸을 때 함부로 어지러이 걷지 마라. 내가 지금 걸은 발자취는 후인의 이정표가 되나니"이다. 내 삶은 다음세대에 모델이 되어야 하기 때문이다. 7,80대는 겨울 같은 시절일 것이다. 조용히 삶을 조명하며 축복하는 삶을 살아야 한다. 또한 아름다운 추억을 남겨 주고, 하나님께 갈 준비를 하면서 지금까지 하나님 안에서 해왔던 일들을 유업으로 남겨 주어 나를 생각할 때 하나님의 일을 하도록 해야 한다.

13. 진정한 프로 정신

"믿음의 선한 싸움을 싸우라. 이를 위하여 네가 부르심을 입었고 많은
증인 앞에서 선한 증거를 증거하였도다"(딤전6:12)

아내와 결혼한 후 각자가 몇 차례 해외 여행을 다녀왔지만 둘이
함께 갈 기회를 결혼 20주년에 잡았다가 집안의 여러 일로 말미암
아 22년이 되어서야 동남아 4개국 나들이를 가게 되었다. 여행을
다니며 느낀 프로정신과 가치관에 대하여 생각해 본다.

프로정신에 대해서는 각국에서 만난 가이드를 보며 느낀 전문가
의 자세이다. 어떤 이는 손님과의 관계보다 자기가 맡은 일이기에
충실하려고 애를 쓰고, 어떤 이는 자기가 돈을 써가면서 손님들과
어울려 놀기도 하고, 어떤 이는 손님 안내를 업무상 어쩔 수 없이 한
다는 느낌을 받도록 부담을 주고, 어떤 이는 유머와 재주를 보이며
손님들을 즐겁게 하려고 애를 썼다. 가이드 나름의 성격대로 안내하
지만 손님 입장에서 이들을 비교하게 될 때 진정한 프로가 무엇인지
를 보게 되었다. 어차피 사람을 대하는 직업이라 피곤한 손님들에게

부담주지 않고 한 가지를 알려주어도 즐겁고 인상을 주기 위해 연구하고 노력하는 자세, 함께 어울리며 대접할 줄 아는 자세가 필요할 것 같다. 크리스찬으로서 단지 교회 나오고 믿는데 그치는 것이 아니라 함께한 이웃들에게 즐거움을 주고 영향을 줄 수 있는 노력이 필요할 것 같다. 가치관에 대해서는 동남아인들의 종교이다. 특히 더운 지방의 동남아인들은 느리고 온순한 성격을 가지고 있지만 태국인들은 모든 것을 부처의 뜻으로 알고 운명론적으로 살며 불교의 윤회를 믿어 죽음을 두려워하지 않는다는 것과 말레이시아인들은 이슬람을 믿어 일하다가도 하루에 5번씩 사원에 와서 기도하느라 제대로 일도 못한다는 것이다. 그들이 믿고 있는 종교에 몸을 맡기며 생활 속에서 편안하게 사는 모습에 이곳 선교사님들의 어려움을 느껴본다.

하나님을 믿는다하면서 세상과 타협하며 살아가는 우리들의 모습에 크리스찬으로서의 진정한 프로 정신을 갖기 위해 노력해야 하고, 생활 속에서 자연스럽게 예수의 향기를 내는 진정한 그리스도의 제자 모습을 갖기 위해 좋은 습관을 가져야겠다.

14. 권위에 순종하는 것

"각 사람은 위에 있는 권세들에게 복종하라. 권세는 하나님으로부터 나지 않음이 없나니 모든 권세는 다 하나님께서 정하신 바라"(롬13:1)

　리더자 한분의 잘못된 판단으로 집단 전체가 힘들어질 수 있다는 것을 보게 된다. 리더자에 대한 자세를 알게 하는 로마서 13장의 "그리스도인과 세상의 권세"에 대한 사도 바울의 말씀을 오랫동안 묵상하게 되었다.

　리더십에 대한 최근의 이론은 서번트 리더십이다. 과거처럼 카리스마를 휘두르는 지도자나 사람들을 무한 경쟁시키는 지도자가 아니라 배려하고 섬기고 코칭해주는 지도자가 인정을 받는다. 성경 말씀에 각 사람 위에 있는 지도자의 권세는 하나님으로부터 나왔다고 한다. 권세는 곧 하나님이시고 자연의 질서이다. 따라서 모든 지도자는 하나님이 창조하신 양심에 따라 선을 베풀고 질서를 지켜야 한다. 그래서 지도자는 아랫 사람들을 섬겨야 하고, 아랫 사람에게 상처를 주지 말아야 하고, 정죄나 판단하는 것이 아니라 용서와 사랑하여야 하고, 존경받아야 한다. 그래서 우리는 성경 말씀대로 이러한 지도자에게 복종하여야 한다. 그러나 하나님의 질서를 무시하고 권세를 이용하여 악을 행하거나 잘못된 행동을 하는 지도자에게도 순종해야 하는지 생각해 본다. 성경 말씀은 그래도 순종하라고 하신다. 잘못된 권세라고 내려 뜨리려 하거나 그곳에서 도망가서는 않되고 지도자를 위해 기도하며 순종하면서 변화시킬 수 있어야 한다. 마귀는 지도자에게 권위를 남용하라고 유혹한다. 마귀는 피지배자에게 권위에 도전하라고 유혹한다. 그래서 가정이 파괴되고, 한 집단이 혼란에 빠지고, 교회가 시험들고, 국가가 무정부상태에 빠지게 된다. 잘못된 지도자라고 그를 내려 뜨려 새로운 질서를 만들고자 도전하는 사람은 새로운 지도자에게 또 다른 이유로 도전하게 된다.

좋은 지도자든 잘못된 지도자든 그들의 권세가 하늘로부터 주어졌기에 순종할 줄 알고, 위해서 기도하는 사람이 되어야겠다. 또 한 집단의 최고의 자리에 있게 될 것을 준비하면서 하나님이 주신 권세를 바로 사용할 줄 알고, 선을 베풀어 나로 인해 하나님의 질서가 보여 지고 많은 사람들이 기쁨을 나누었으면 좋겠다.

15. 신앙 칼럼 100회를 맞이하며

그동안 칼럼 글을 써온 지 100회가 되었다. 약 2년간 한주도 빠지지 않고 칼럼을 썼다는 사실과 이를 통해 나의 신앙 생활을 정리하고 돌아 볼 수 있다는 것이 감사하다. 나는 어떤 일을 혼자 즐기는 것을 좋아한다. 청년부 칼럼도 누가 보든 안보든 써 보겠다고 약속한 일이기에 즐기면서 글을 썼다. 가끔 교회에서도 남들이 시켜서가 아니라 내가 즐거워서 일을 만들어 행한다. 내가 조금만 수고하면 나도 즐겁고 이를 통해 누군가 도움이 될 수 있다면 그것이 하나님의 일을 하는 것이 아닌가 생각해 본다.

가만히 그동안 써왔던 칼럼을 뒤적 거려 본다. 내 삶을 돌아 보며 그때 그랬었구나 하며 나의 생각에 참 감탄한다. 가끔 누군가에게 어떤 이야기를 할 때면 내가 정리한 그 이야기를 한다. 어른들을 통해 나의 어린 시절의 이야기를 들으면 아무 것도 못할 것 같았던 나였는데 그동안의 삶을 통해 하나님께서 많이 축복해 주신 것이 감사하다. 그래서 그런지 학생들과 청년들이 뭐를 잘 못해도 기다려 주게 된다. 나도 그랬는데. 중요한 것은 내 인생에서 잘하고 못하고의 경계가 뚜렷했다는 사실이다. 그것은 예수님을 인격적으로 만난 사건이었다. 내가 살아가야 할 이유를 알고, 내가 나아가야 할 삶의 방향이 잡히고, 내가 어떻게 살아야 하는지 삶의 방법을 찾았던 사건이다. 그래서 남들보다 잘 못했지만 성실했던 생활을 통해 하나님께 영광을 돌릴 수 있었고, 뭔가 열심히 배워보려는 욕심을 통해 하나님의 일을 하게 하신 것 같다. 하나님께서는 하나님을 사랑하는 사람들에게 모든 일을 합력하여 선을 이루신다. 요새 젊은이들의 짧은 시간 안에 뭔가를 이루려고 하는 급한 마음을 안타까워하며 인내하고 절제할 줄 아는 지혜를 배웠으면 좋겠다. 하나님을 위해 배우려는 좋은 생각들이 오랫동안 지속되면 좋은 습관이 되어 나의 삶이 바뀌게 된다. 잠깐 해보고 안 된다고 하지 말고, 실패하지만 계속 행하면서 나를 통해 일하실 하나님을 기대했으면 좋겠다.

하나님이 우리를 부르신 이유는 나를 통해 하나님의 일을 하시기 위한 것이고, 나를 통해 이웃들에게 축복을 주기 위한 것이다. 우리가 행하는 어떤 일이든 나를 위해 한다고 생각하지 말고, 주님을 위해 행하고 이웃을 위해 행한다고 생각하면 모든 것이 즐겁다. 그리고 일도 잘 풀린다. 왜냐하면 주님이 하시기 때문이다. 중요한 것은 일의 성공과 실패가 아니라 내가 어디에 속했느냐이다. 내가 하나님께 속해 있으면 구원의 확신을 통해 경건한 삶을 살면서 하나님이 주신 사명을 성취하게 될 것이다.

16. 고대 중국 속의 하나님

"태초에 하나님이 천지를 창조하시니라"(창1:1)

　　현재 중국에서 5개 국제학교를 운영하는 첸 카이 퉁씨가 1980
년대 예수님을 믿고 1995년 북경의 천단(황제가 매년 풍년을 기원하
며 제물을 올리던 곳)에 갔을 때 다른 곳과 다르게 우상이 없다는 것
을 발견하고는 중국의 문헌과 역사 속에 계신 하나님을 찾는 이야기
를 쓴 책을 읽었다. 우리나라 고대 역사와 문화에도 남아 있는 하나
님의 흔적을 찾아 보았으면 좋겠다고 생각하던 중에 소개받은 책으
로 역사 속의 하나님을 다시 찾고 싶은 욕망을 일으키게 하였다.

　　우선 이 책에서는 중국인의 조상은 바벨탑 사건 이후 이주해 온
하나님을 섬기는 사람들인 것을 증명하고 있다. 그래서 한자어에
서 신을 뜻하는 示(계시하다 – 하나님과 관계된 단어 福, 社, 禁, 祭), 의
로움의 義, 희생 犧에는 제사의 의미가 들어 있고, 큰배를 뜻하는 船
은 노아 홍수와 관련되어 있다. 또한 고대 중국인들이 숭배하는 상
제(上帝,상띠)는 하나님이라는 사실을 공자는 5경을 통해 창조주와

인간의 삶을, 사마천은 사기에서 하늘과 인간의 모든 것을 알기 위해 쓴 것에서 나타나고 있다. 중국인들은 상제인 하나님(God)을 우주의 최고 통치자로, 신(god)을 죽은 황제처럼 신격화된 존재로, 황제를 땅의 최고 통치자 또는 신의 부 섭정자로 인식하고 있었다. 그러다가 진시황제가 전국을 통일하면서 황제를 하나님처럼 인정하게 되었고, 용을 최고의 신처럼 모시게 되어서 중국에서는 오직 황제만이 하늘에 드리는 제사인 제천을 신성시해왔고, 그 의미도 성경에서 말하는 대속제사와 비슷하다. 또한 중국에서는 어떤 혈맹이든 중요시 여기는데 이는 성경의 피흘림에 대한 언약을 계승한 것이다.

또한 고대 중국 역사 속에서 지도자들은 건국 제왕인 黃帝(진시황의 皇帝가 아님)를 천자로 불렀는데 천자는 하늘로부터 통치권을 위임받아 하나님의 도를 행사해야 하는 존재로 그 후에 백성 사랑과 홍수 관리 능력, 선양의 전통을 세운 요, 순, 유 임금들이 잘못된 정권을 무너뜨린 상의 탕왕과 주의 우왕과 주공을 중국 최대의 지도자로 섬기고 있다. 그리고 16세기 마테오 리치를 시작으로 중국어를 배우고 중국 문화(유학자 복장 및 생활)를 통해 기독교 전파에 힘쓰던 예수회 수도사들은 어떤 방법이든 황제에게 다가려는 노력으로 천문적 일식을 정확히 계산하는 등 궁중에서 중요한 일을 맡게된 존 테렌티우스, 아담 샬, 페르디난드 버비스트의 노력으로 청의 강희제가 천주교를 믿게 되었는데 외교적으로 로마의 교황이 이들을 이단으로 취급하는 바람에 강희제가 돌아서게 되었다는 역사적 내용은 중국 역사의 가장 큰 아쉬움이라는 생각이 든다.

17. 교회 속의 세상

**"무엇이든지 스스로 속된 것이 없으되 다만 속되게 여기는 그 사람에게
는 속되니라 "**(롬14:14)

주일 아침 우연히 CBS 방송을 듣다가 검사 출신 그리스도인인
김두식씨의 "교회 속의 세상, 세상 속의 교회"라는 책 저자와의 인터
뷰 이야기를 들었다. 기존 교회에 대해 불만이 있던 내게 저자는 그리
스도인으로 교회의 문제점을 예리하게 지적한 내용에 공감하였다.

언젠가부터 교회 속에 세속적인 세상 생각들이 들어오기 시작하
였는데 그 대표적인 것들이 영적 리더십이 없는 목사들(목사는 사회
적 지위 있는 사람들에게 쩔쩔 매고, 고소영의 지위에 따라 직분을 주고,
담임 목사의 권력을 강화시키면서 부목사들을 초라하게 하고, 새롭고 좋
은 프로그램이 있으면 당장 모든 교회에 유행시키고, 자기 삶의 이야기
가 아니라 남의 이야기를 녹음기처럼 반복하고, 평신도 입장에서의 단순
한 개혁안에 목사는 생사를 걸며 부담스러워 하고, 설교 중심의 교회 활
동에 목사는 설교에 부담, 성도는 나눔에 대한 갈망으로 서로 힘들어 하
고, 목사는 성경책이 어려워 이를 쉽게 풀어주는 블로커 역할을 하고, 교

회의 리더가 아니라 중소기업 사장처럼 행세한다)과 세속적 교인들(돈으로 장로가 되고, 이기적이고 말과 행동이 다르고 독선적이며, 세상에 살며 자신감을 잃고 나니 교회에서 자기를 지키려고 더욱 고집스러워지고, 교회의 축복과 성공이 세상적인 기준에 의한 것으로 복을 구하여 세상 사람과 별반 다른 것이 없다)이다. 결국 나의 영광이 하나님의 영광이 되고, 나의 비전이 하나님의 비전이 되어 내가 잘되기 위해 성경 말씀을 끼워 맞추고, 더 높이 올라가야 더 많이 헌신할 수 있다는 논리로 내려놓기 보다 더 많은 욕망을 드러내고 있다.

이러한 교회 속의 세상은 로마시대 콘스탄티누스 대제가 꿈에서 십자가를 보고 십자가를 앞세워 전쟁에 이기면서 로마를 통일하게 되는데 이때 콘스탄티누스는 자신을 지원할 새로운 신이 필요했고, 교회도 부흥하기 위해 세속적인 힘이 필요하여 서로의 절충으로 기독교가 국교화되면서 교회가 세속화하기 시작하였다. 즉 콘스탄티누스는 예수의 자리에 세속 군주가 앉게 되었고, 세례도 받지 않은 황제가 교회의 교리문제를 간섭하게 되었고, 하나님께서 올바른 편이 승리하게 하실 거라고 폭력과 전쟁도 기독교적인 것으로 인정하게 되어 그리스도의 희생의 십자가 대신 적군을 격파하는 군기의 십자가를 세웠다. 교회가 세속화되지 않도록 교회 안에서의 모든 말과 행동과 생각들이 더 순수하게 하나님을 찾는 시스템을 만들고 초대교회의 모습을 회복하려는 노력이 필요하다는 생각이 든다.

18. 하나님 나라가 임하소서

예수를 전도하는 것이 믿은 사람의 사명이고, 또 예수님만 믿으면 모든 것이 해결된다고 생각하지만 예수님을 영접하고 믿음의 기본을 배우는 것은 잠깐이고 세상 속에서 더 오랫동안 믿음 생활을 하면서 걱정 거리가 더 많다는 사실을 깨닫게 된다. 가끔은 세상 문화를 극복하는 것이 시험이 되고, 세상에서 착하게 사는 것이 왕따가 되어야 하는 경우가 많기 때문이다. 내 마음에 하나님의 나라가 임하기를 기도하지만 하나님의 나라가 임하고 나도 세상 속에 살아야 하는 상황에서 나를 통해 하나님의 나라가 발하도록 행하는 것이 믿음이라는 생각이 든다

첫째는 성경은 위로 하나님의 사랑과 옆으로 이웃 사랑을 함께 가르치고 있다. 하나님을 믿어 하나님 사랑만 강조하다 보면 수도사가 되어야 한다. 혹은 하나님의 사랑을 전한다고 멀리 알지도 못

하는 사람들에게 선교하는 것이 이웃 사랑 실천이라는 생각은 잘못이다. 레위기와 에베소 말씀에 하나님 섬김과 함께 이웃 섬김에 대해 아내와 남편과 자녀와 종에 대한 말씀이 나온다. 알지도 못하는 사람에게 잘하기에 앞서 내 가족부터 챙기는 것이 이웃 사랑이라는 말씀이다. 나도 젊어서는 먼 이웃(제자들, 교인들, 아프리카 선교비 후원 등)에 관심이 있었지만 이제는 가족을 더 먼저 돌보려고 한다. 둘째는 일용한 양식에 감사한다고 했을 때, 현재 보이는 맛나와 식품이 아니라, 이 식품이 식탁에 오르기 까지의 모든 과정이 일용한 양식이라는 사실이다. 즉 농부의 식물 재배와 수확, 자연의 햇빛과 비와 온도, 유통업자의 운반과 택배, 그리고 엄마의 요리 등이 다 포함된다. 그래서 이제는 기도할 때 밥을 주셔서 감사함뿐만 아니라 이 밥이 되기까지 수고한 모든 사람들의 손길을 위해 기도하게 되었다. 셋째는 하나님 나라가 임하소서에 그치는 것이 아니라 하나님 나라가 발할 수 있도록 삶 속에서 주의 사랑을 실천하는 것이다. 많은 믿는 사람들이 말씀을 지식으로 받아 말씀대로 행해야 하는 것을 알면서 몸으로 실천하지 못하다 보니 말씀 해석의 논리와 주장이 되어 말만 많아지고 싸우게 된다. 이제는 세상 속에 들어가 말씀대로 살도록 희생하고 헌신하고 행해야 한다. 내가 이찬수 목사님 설교를 좋아하는 이유가 삶 속에 말씀 실천이 있기 때문이다. 예수님 믿으라고 신우회를 만들고 말로 전도하기 전에 나로 인해 주변 사람들이 행복할 수 있기를 기도하며 겸손하게 살피고 섬기고 희생한다면 그 행실을 보고 사람들이 예수님을 믿게 될 것이다. 넷째는 상대의 필요를 보고 배려하는 관점의 전환이다. 우리는 나의 선택으로 상대를 정하여 전도하거나 내 입장에서만 가르치려한다. 누가복음에서 강도만난 사람을 대하는 제사장과 레위인은 자기가 선택해 멀리하였지만 선한 사마리아인은 상대의 필요를 보고 그 필요를 채우기 위해 자비를 베풀었다. 이것이 세상 속 크리스천의 행동 지침이다.

3장

'산돌의 39년 교직 생활'

직장 생활에 대하여

1. 한 학부모의 감사 편지

"너희를 인하여 감사하기를 마지 아니하고
내가 기도할 때에 너희를 말하노라"(엡1:16)

연초 시무식에 참석했다가 내 책상 서랍에 가지런히 올려져있는 편지 한통을 보게 되었다. 방학식날 날 만나려 왔다가 보지 못해 놓고 간 편지 같았다. 한 학부모의 감사 편지였다.

"선생님께. 안녕하세요. 한 번도 뵌 적이 없는 것같은데 감사의 글을 올리고 싶어서요. ○○이가 영적으로 너무 힘들었을 때 선생님의 기도모임에 참석하면서 치유를 받아서 너무나 감사했구요. 학교 가면 찾아뵙고 인사드려했는데 이제야 지면을 통해 정말 감사드려요. ○○ 엄마 올림"

한 학년을 마치면서 내가 맡은 학급의 학부모도 아니면서 믿음 안에서 진학을 위해 함께 기도했던 아이들과의 기도모임을 감사한 한 학부모의 편지이다. 고3 수업을 들어가 첫 수업 때 진학을 위해 함께 기도하자고 기도모임을 만들어 20여명의 학생들이 참석하게 되었고, ○○이는 그중에 한 아이였다. 매주 목요일 저녁시간 30분 정도 짧은 말씀으로 설교하고 10여 가지 기도제목을 가지고 열심히 기도하였다. 부모님과 교회에서만 드렸던 진학을 위한 기도를 학교에서 함께하는 것에 아이들이 신기해하며 참 진지하고 열심이었다. 1차 수시에 연세대학교에 붙었다. 불가능했는데 이루어졌다. 나는 이 학교에서 하나님이 역사하시는 믿음을 보게 되었고 아이들에게 그런 하나님을 담대히 전할 수 있었다. 그런데 그 엄마는 그런 기회를 만들어 준 내게 고마움을 느껴오다가 학년을 마치며 표현해 주었다. 대학을 갔기 때문이 아니라 믿음 안에서 신앙을 회복할 수 있었던 것을 감사하였다. 이제 대학생활과 믿음을 위해 쉬지 않고 기도해 주어야겠다.

교사 생활을 하면서 선생님이 눈에 보이는 성과보다 보이지는 않지만 감동을 주고 영향을 미치고 있다는 사실을 자주 확인한다. 우리는 어떤 일을 하게 되면 눈에 보이는 성과를 기대한다. 그러나 하나님의 일, 사람을 대하는 일은 보이지 않는 잔잔한 표현되지 않는 감동들이 많다. 그것을 나중에 알게 되면 무척 기쁘다. 알게 되지 못하더라도 그 상급은 하늘에 쌓일 것이다.

2. 스승과 제자

"너희는 가서 모든 족속으로 제자를 삼아 ...
내가 너희에게 분부한 모든 것을 가르쳐 지키게 하라"(마28:20)

스승의 날이 다가 올 때면 1982년 첫 발령을 받아 제1회 스승의 날을 맞이했던 기억을 하면서 나의 스승의 모델로 예수님을 정하고 예수님처럼 가르치고 제자를 육성하려고 결심했던 교사로서의 첫 단추를 잘 끼웠던 것을 감사한다. 26년간 열심으로 학생들을 가르치고, 승진하기 위해 노력했지만 그런 것보다 새 학기가 될 때마다 학생들을 모아 순모임을 하려고 애를 쓰며 만난 아이들에게 예수님의 삶을 가르치려고 최선을 다했던 것이 지금 돌아보니 얼마나 큰 열매인지 모르겠다. 그래서 스승의 날이 되면 정말 내가 그들의 스승이고, 그들이 나의 제자임을 확인하면서 전화로 방문으로 서로 만나는 것이 커다란 보람이고 즐거움이다.

첫 발령지에서 처음 만나 순모임했던 8명의 제자들이 벌써 42세로 중학생들을 둔 학부모가 되었다. 2명의 남학생은 목사님이 되었고, 2명의 여학생은 목사 사모가 되었다. 지금도 만나면 고2때의 모습으로 함께 하숙집에서 순모임하고 여름에 캠핑가고 교회에서 리트릿하고 공주사대로 1박2일 기차 여행했던 이야기를 나누며 지금도 그 믿음을 지키고 있다. 고3 담임하며 어려운 학생과 함께 자취하며 밥해 주었던 녀석이 초등학교 교사가 되어 주례를 부탁하러 왔을 때 선생님이 아니면 결혼의 의미가 없다고 하여 36세의 나이로 주례를 섰던 것도 스승의 보람일지도 모르겠다. 고3만 가르치다 여자 중학교 1학년을 가르치면서 내게 편지한 학생에게 답장을 주면서 나눈 이야기가 노트 6권을 채워 졸업할 때 책을 만들어 주니 '몽당연필의 꿈'이라고 제목을 적어왔던 아이가 벌써 32살의 아기 엄마가 되었다. 공부도 못하는데 선생님과 순모임하며 예수님을 알고, 이래 저래 운이 좋아 교사가 되었다는 항상 겸손했던 녀석이 올 스승의 날에 담임반 아이들에게 내가 존경하는 스승님을 만나러 간다고 자랑하며 찾아와 준 것도 스승만이 갖는 즐거움이다. 교회 고등부를 맡으면서 제자훈련을 통해 믿음의 제자라고 지금도 함께해주는 녀석들이 정말 고맙다. 평생 나의 기도에서 놓지 않을 아이들이다.

가르침의 보람은 믿음의 제자를 얻는데 있는 것 같다. 세상을 살며 서로에게 믿음의 영향을 끼치고 함께하며 즐거움과 고통을 함께 나눌 스승과 제자의 관계로 함께할 수 있는 사람이 있다면 이 얼마나 기쁜 일일까. 그래서 나는 정말 행복한 사람이다.

3. 꼴찌 등반이 주는 교훈

"우리가 선일 행하되 낙심하지 말지니 피곤하지 아니하면
때가 이르매 거두리라"(갈6:9)

3년간 학교를 집삼아 공부하던 고3학생들이 수능을 마치고 졸업 여행을 가게 되었다. 얼마 만에 갖는 해방감일까. 담임으로 그동안의 스트레스를 풀기도 해야겠지만 아름다운 추억을 만들어 보라고 당부하였다. 그래서 졸업여행 일정도 한라산 등반, 최남단 마라도 방문 등을 잡았다. 한라산이 눈으로 덮였지만. 500여명의 학생들이 눈 덮인 산을 안전하게 오르기 위해 어울목 코스(약 4.7km)로 오르게 되었다.

한라산을 오르며 두 가지 느낀 것이 있어 적어보고자 한다. 첫째는 우연찮게 맨 뒤에서 학생들을 인솔하여 오르게 되었다. 나는 산을 오를 때면 항상 선두에 섰다. 그러면 작은 경생 심리에 뒤쳐지지 않으려고 노력하고 괜스리 뿌듯함을 느끼며 오를 수 있기 때문이다. 그런데 처음으로 그것도 500여명의 맨 후미에서 학생들을 데리고

오르려니 그전에 생각지 못했던 엄청난 경험을 하게 되었다. 불과 30분도 안되어 못 오르겠다고 내려오는 학생들을 막기도 하면서 중간쯤 오르다 보니 내 뒤에는 아무도 없었다. 힘들어 포기하려 하다가 제일 늦게 산에 올랐다. 불과 100여명의 학생들만이 산에 올랐고 한 시간 이상 쉬고 내려가려는 참에 올라갔으니 쉬지도 못하고 바로 내려오게 되었다. 얼마나 힘들었던지. 그러면서 희망도 없고 모든 것을 포기하고 싶고 남 탓하며 부정적으로 생각할 수 밖에 없는 환경들 속에 있는 꼴지들의 마음을 이해하게 되었다. 그래서 앞만 보며 오르고 뛰기보다 뒤도 돌아보고 돌봐야겠다는 생각을 하였다. 둘째는 중간지점에서 나도 포기하려고 했는데 내려오는 사람에게 물으니 앞으로 20분만 가면 된다는 말에 희망을 가졌다. 지금까지 2시간 반을 올랐는데 참고 올라가야겠다는 희망이 생겼다. 20분만 가면 될 줄 알았는데 막상 정상에 오르니 1시간 반이 더 걸렸다. 속았다. 하지만 그때 그 거짓말이 없었다면 포기했을 것이다. 앞 일을 잘 모르기에 힘들고 어려울 때 희망과 가능성을 갖도록 거짓말하는 것도 필요하다는 생각이 들었다. 우리는 항상 속으면서 살아가는 것 같다. 그래도 그 속에서 나는 할 수 있다는 희망만큼은 버리지 않았으면 좋겠다. 그래서 어떤 일이 있어도 포기하지 말았으면 좋겠다.

4. 역사의 주인

"나라는 여호와의 것이요 여호와는 모든 나라의
주재심이로다"(시22:28)

　　최근 TV에서 주몽, 연개소문, 대조영 등의 사극이 인기리에 반
영되고 있다. 몇년 전에는 동의보감, 대장금, 상도 등과 같이 역사를
왕 중심의 정치사로 보기 보다 역사 속에서 힘없던 민중을 두각 시
킴으로 오늘을 재조명하고자 하였다. 그런데 최근에는 당시 역사를
이끌어 갔던 주인공을 중심으로 사극을 전개해 간다. 이러한 사극의
유행은 지금 이 시대에 그런 인물이 필요함을 간접적으로 어필하는
여론 몰이라는 생각도 든다. 역사 교사로서 역사에 대한 생각을 적
어 본다.

　　E.H.Carr는 "역사는 과거와 현재의 끊임없는 대화"라고 하였다.
사극도 과거의 짧은 기록을 가지고 1-2년을 방영할 정도의 수많은
이야기를 만들어 내어 과거를 오늘의 관점에서 보게 함으로 나름대
로 교훈을 주고 있다는 점에서 끊임없이 대화하는 진정 살아있는 역

사라고 하겠다. 가끔 사극을 보다 보면서 이미 결말을 다 알기에 드라마 속에서 그 역사를 이끄는 주체가 그 주인공이라는 생각이 무의식적으로 정해져 버린다. 우리는 TV를 보면서 그것은 당연히 여기고 있다. 대학 때 역사철학으로 4C 아우구스티누스(어거스틴)의 기독교사관을 배운 적이 있다. 인간의 역사는 이미 하나님이 예정해 놓으셨다는 내용이다. 그러나 그것은 하나님만 아시지 우리 인간은 모른다. 역사의 예정론은 마치 교통 체증으로 도로가 막혀 있을 때 길게 늘어선 차 안에 있는 나는 왜 서있어야 하는지 모르지만 하늘 위에서 내려다 보면 저 앞에서 사고가 난 것을 볼 수 있고, 나중에 그 지점을 지나가 봐야 알 수 있다는 것으로 비유할 수 있다. 사극을 보면서 주인공이 그 드라마를 이끌어 가는 것처럼 보이지만 그 위에서 인간사 모든 관계를 주관하고 이끌어 가시는 하나님이 주인공되심을 인정해야 할 것이다.

역사의 주인을 하나님으로 인정하고 믿는 성도는 그 신앙을 바탕으로 가정에서 행복할 수 있고, 직장과 학교에서 성공할 수 있다. 내가 아무리 애를 써도 할 수 없는 일이 있다. 내가 아무 것도 하지 않아도 술술 풀리는 일이 있다. 나의 삶 배후에서 나를 이끌어 주시는 하나님을 인정하고, 그런 하나님을 믿은 자에게는 성공도 실패도 모두가 하나님의 일이다. 조급해 하지 말고, 서두르지 말고, 슬퍼하지 말고, 원망하지 말고, 포기하지 말고, 억울해하지 말고, 우울해하지 말아야 한다. 항상 내 곁에는 역사의 주인이신 하나님이 계시기 때문이다.

5. 열심히 산다는 것

"악을 행하는 각 사람의 영에는 환난과 곤고가 있으리니...선을 행하는
각 사람에게는 영광과 존귀와 평강이 있으리니..."(롬2:9-10)

요새 나는 지난 1학기에 각 지역에서 1차 심사를 거쳐 결선에 올
라온 경기도 사회과 선생님들의 수업을 심사하고 있다. 경기도 사회
과를 대표하여 심사하는 것도 영광이지만 감히 다른 교사들의 수업
을 참관하여 수업을 잘하는 모습을 보면서 열심히 사는 사람들을 만
나게 된 것이 큰 영광이다.

이번 수업 심사를 다니면서 많은 것을 생각하게 한 것은 그런 대
회에 참여하여 자신의 분야에 열심히 살아가는 선생님들의 모습이
다. 많은 사람이 교사가 편하고 안정된 직업이라고 교사가 되려고
노력한다. 하지만 학교에 있다 보니 좋은 교사로서 최선을 다하고
열심히 사는 선생님들이 그리 많지 않다. 기업의 성과는 바로 나타
나기 때문에 열심히 일하지 않으면 그 빈자리가 드러나지만 교육의
성과는 10년, 20년 후에 나타나기 때문에 지금 주변 사람들에게 조

금 욕을 먹으며 대충 대충 가르쳐도 그 빈자리가 드러나지 않는다. 그러나 자신의 편안함을 위해 요령을 피우기보다 주어진 일에 최선을 다하는 사람들의 모습을 보면 정말 흐뭇하다. 학생과 학교는 그런 선생님 몇 명 때문에 변하게 된다. 학생들에게 자기 담당이 아닌 곳에 청소를 시켜보면 어떤 아이는 그것을 왜 내가 해야 하느냐고 따지고, 어떤 아이는 눈치를 보며 하지 않고 도망가고, 어떤 아이는 대충대충 해놓고, 어떤 아이는 시킨 일 이상의 것을 해놓는다. 자기 것이 아닌데도 열심히 하는 아이들이 믿음직스럽고 그 아이에게 상을 주게 된다. 세상은 주어진 일에 전문가가 되기 위해 노력하는 사람들이 이끌어간다. 그 사회의 리더는 내가 맡은 것 이상의 것에 열심을 내는 사람이 된다. 천국은 침노하는 자의 것인 것처럼 하나님의 일에도 전문가가 필요하고 열심을 내는 사람이 필요하다.

내 믿음의 생활을 대충 대충하지 말아야겠다. 모태신앙으로 믿는 척하지 말고, 조금 믿었다고 거들먹거리지 말고, 교회에서 친구들에게 대우받으려 하지 말고, 어차피 믿는 것 믿음의 전문가가 되어야겠다. 말씀에 미쳐보고, 찬양에 미쳐보고, 가르치고 봉사하는 일에 미쳐보라. 젊어서 고생은 사서라도 한다는데 이래저래 열심히 살다보면 내 직업과 내 믿음과 내 삶의 전문가가 될 것이다. 하나님께서는 그런 사람들을 형통케 하셔서 영광 받게 하시고 존귀하게 하시고 평안하게 하신다.

6. 체육대회를 기다리는 마음

"내 말을 얻는 자에게 생명과 그의 온 육체의 건강이 됨이니라"(잠4:22)

나는 학교에서든 교회에서든 체육대회가 있는 날이이면 무척 기다려진다. 이제는 별로 뛰어다니지 못해 마이크 들고 운동하는 학생들을 격려하며 운동경기를 중계방송하고 있지만 나는 체육 활동을 무척 좋아한다.

나는 어려서 교회에서 자랐다. 그래서 항상 하는 운동이 탁구였다. 누구한테 지기 싫어 열심히 배우면서 지금은 아마추어 가운데 시합을 하면 별로 지는 사람이 없다. 고등학교 때는 항상 반대표로 농구와 배구 선수를 하였다. 그래서 대학 축제 때 다른 것은 참석하지 않았지만 체육대회만 되면 기분이 좋았다. 우리과 대표로 축구 골키퍼, 농구 센터, 배구 스파이커로 뛰면서 친구들의 관심 속에 있었기 때문이다. 그래서 아들을 낳고는 어려서 매일 축구, 농구, 탁구, 테니스, 배구, 야구를 가르치는데 다행히 아이들이 잘 따라주어 함께 운동을 즐겼다. 그래서 우리 아들들이 체육을 좋아하고 잘할 뿐 아니라 작은 아들은 체육을 전공하게 된지도 모르겠다. 이제는 큰 아들에게 탁구를 진다. 가끔 아들들에게 결혼할 자매를 데려올 때면 함께 운동 경기를 해서 우리 부모를 이겨야 한다고 가르치고 있다. 왜냐하면 명절이고 때마다 가족들이 모여 앉아 고스톱이나 치고 음식 먹고 살찌우다 가는 것보다 온 가족이 함께 운동을 통해 경쟁도 하고 즐기다보면 건강해지기도 하고 다음에 또 상금을 얻기 위해 자주 오고자 할 것이기 때문이다.

운동을 좋아하고 잘하는 사람은 항상 긍정적인 생각을 한다. 또 하는 일마다 자신감을 갖는다. 운동은 삶에 활력소를 가져다 주고, 육체와 마음의 건강을 준다. 운동하는 사람은 상대방을 배려할 줄 알고 자신의 삶을 관리할 줄 안다. 담임을 맡고 있을 때 학급 간에 내기를 걸고 운동 경기를 하게 되면 학급의 분위기가 UP된다. 경기에서의 승패를 떠나서 그 경기를 위해 며칠 전부터 작전을 짜고 역할을 분담하면서 경기보다 준비하는 것이 더 즐겁다. 경기하며 응원하고 경기 후 이겨서, 져서 서로를 위로하는 모습은 학급을 하나로 만드는 계기가 된다. 요새 공부만 잘하기를 바라는 분위기에서 학교에서나 집에서 몰래 몰래 운동하는 아이들이 불쌍해 보인다. 공부 잘하는 아이들은 운동도 잘한다.

7. 퇴직한 선배 교사의 나에 대한 추억

평택여자중학교 리철훈 선생님의 정년퇴직에 참여하였다. 평택 내에 이름 있는 사람들(교육장, 교육위원, 시장 등)이 단상에 올라 축하하는 모습에서 교장선생님의 그동안 쌓은 덕을 느낄 수 있다. 자신감있는 행동들, 한번 말하면 다른 사람들은 끼어 들 수 없을 정도의 입담, 직원들을 항상 거느리고 다니며 과시하는 모습 등 뒷말도 많았지만 퇴임사를 직접 나누어주시며 읽는 것으로 대신하고 점심식사 때 일일이 인사하는 모습에서 아름다운 퇴장을 느낀다. 특히 이분이 평소에 글을 많이 써서 지난 겨울에 내신 '사랑의 고리'라는 수필집에 나와 함께 근무했던 이야기를 소개하여 한번 모시고 저녁식사한 적이 있었다.

"매년 스승의 날이 오면 세분 선생님이 생각난다. … 한 분은 사회를 가르치던 임규석 선생님이다. 키도 나보다 크고 훤칠한데다 피부도 희고 미남이었다. 항상 웃는 얼굴에 밝고 명랑하다. 한 마디로 말해서 원단 자체가 출중하다. 이 선생님은 2년 간 나와 같은 부서에서 일을 했는데 공문을 보고 어떤 지침을 알려 주면 즉시 일 처리가 일사불란하다. 수업시간도 많은데 점심시간이나 방과 후엔 학생들과 잔디밭에 앉아 기타를 치며 합창도 하고 토론도 하며 망중한을 즐긴다. 어딘가 여유가 있다. 사실 교사가 지녀야 할 덕목 중에 '여유'란 필수 항목이다. 매사가 다 그렇겠지만 특히 교육이란 여유를 갖고 해야 시행착오가 없다고 본다. 또 학교 생활을 웃으며 한다는 것은 쉽지 않다. 별것도 아닌 일들 때문에 서로 짜증을 내고 사이가 벌어지는 경우도 많은데 이 선생님은 항상 웃는 낯으로 매사에 긍정적이며 언제 만나도 다정다감하다. 모르면 묻고 알아도 아는 척 않으며 상대방의 말에 일단 귀 기울이는 참으로 부드러운 성품이다. 지금도 하얀 이빨을 드러내고 밝게 웃는 그 선생님의 얼굴이 꼭 눈앞에 있는 듯하다." 또 여기서 소개하는 다른 두 선생님은 나의 친구이자 후배인 사회과의 효자이고 솔선수범하고 책임감이 강한 송기정 선생님과 음악과의 열정적이고 학생들과 함께 하는 오상환 선생님에 대한 이야기이다.

초임시절 함께 근무하며 잘 이끌어 주셨던 선배 교사의 칭찬의 글을 기록에 남겨 준 것이 고맙고, 나도 좋은 후배들에 대하여 격려할 수 있어야 하겠다. 긴 퇴임식의 축사 시간 동안 나의 퇴임식을 구상하며 학교에서는 단순한 이임 인사하는 정도로 마치고 저녁에 제자들, 함께 근무했던 교사 모임들, 식구들과 교회 가족들 약 200명이 함께하는 시간을 계획해 보았다.

8. 양성중에 주신 은혜

　최근에 경기도 중학교에서 운행하고 있는 자유학기제를 대표하여 우리 양성중학교가 신문 기사에, TV방송에 소개되고 있다. 특히 교장으로서 경기도 자유학기제 담당 장학사들, 지역교육지원청 교장들, 율곡연수원 교육과정 연수에 자유학기제의 이해와 사례에 대해 강의하게 되었다. 지난 2년간 학교 경영에 대한 결과, 학생과 선생님들이 행복해하는 학교를 소개할 수 있는 것이 하나님이 주신 특별한 은혜라 여겨진다.

　양성중에 부임하고 처음 찾은 곳이 교회와 노인정이었다. 이후 우리학교에 재학중인 학생의 아버지인 양성감리교회 목사님을 운영위원장으로 모시며 여름성경학교때마다 특별헌금을 해오고 있다. 80평생 처음 교장선생님의 방문에 놀라신 동항리 노인정에 한학기에 2번씩 학생들과 함께 위문 공연과 붕어빵 해드리러 가니 회장님이 그 진정성을 보시고 안성 신문기자를 불러 인터뷰하며 신문에 기사를 실어주기도 하셨다. 3학년 학생중 봉사활동 시수가 부족한 학생들을 데리고 우슬라의집에 봉사하러 가면 모두가 대만족이다. 양성면 기간단체장회의 때마다 빠지지 않고 참석하고, 애경사에 개인 봉투를 내밀고, 야유회 갈 때 버스 안에서 사회를 봐드리니 시골 사람들 차안에서 술먹고 망치는 경우가 많았는데 덕분에 즐거운 시간 보냈다고 매번 순서를 부탁하고, 회의때 학교 사정을 알려드리면 학생들 야간시간 귀가 봉고버스 지원, 학생들 모임에 간식 지원, 의용소방대의 심폐소생술 실습 지원, 신입생 교복 지원 등 얻은 소득이 더 많다. 양성향교 행사에 학생들이 참여해 주니 2박3일 예절캠프를 만들어 주고, 많은 지역 행사에 지원을 아끼지 않는다. 그런 저런 지역 환경의 도움을 받으면서 14년부터 시작한 자유학기제 운영은 15년 경기도를 대표해 국무조정실의 점검을 받고 16년 농촌학생 대상의 자유학기제 연구학교에 선정되는 과정에서, 남에게 보여지는 성과보다 선생님들이 변하여 서로 도우며 학생들을 위해 무엇을 할까 나서고, 아이들이 행복해하며 서로 믿고 성장하는 모습이 가장 큰 보람이라고 하겠다. 행복은 목표가 아니라 수단이라는 사실이 지난 학교 경영을 통해 겪은 경험이다. 자유학기제는 자유라는 방법으로 행복을 얻고자하는 교육 혁신으로서 희생에 의한 변화가 아니라 행복한 수단을 통해 본래의 교육을 되찾는 교육과정으로 방향을 잡고, 농촌학생에게 부족한 운동과 악기와 뮤지컬을 배우며 경기도에서 베드민턴 우승, 프라잉디스크 준우승, 사물놀이 우승 등 성취감을 맛보며 자신감을 얻게 되었고, 특히 학력의 양극화와 기초학력의 부족을 걱정하며 영수맞춤형 수업, 야간자기주도학습 등으로 고등학교 진학에 마이스터고, 특성화고를 많이 진학할 수 있는 것은 학생 개개인의 미래를 위한 발판이 되었다.

11월 기호일보와 OBS 방송을 통해 전국에 알려졌을 때, 아이들이 행복해하는 장면 뒤에 숨겨진 학교장의 역할을 생각하며 자랑스럽고 감사가 넘친다.

9. 산돌의 39년 교직 생활(1982 − 2021)

　1982년 전곡고등학교에 첫 발령을 받은 후 학생들에게 산돌이라는 닉네임으로 역사를 가르치다, 교감으로 부임하고, 2021년 기산 중학교 교장으로 퇴임하기까지 39년간의 교직 생활을 43년ㄴ의 시조로 돌아보았다.

1. 溫故知新(온고지신)

인간사 새옹지마 사도의길 삼십구년
교직에 **法故創新** 매사에 열심내니
내인생 **溫故而知新** 성숙한삶 후회없네

내생애 반평생을 학교에 근무하며
눈깜빡 삼십구년 쏜살같이 흘렀구려
지난삶 디딤돌되어 남은삶 살아보세

평교사로 전공연구 학생중심 열정교사
부장으로 연구교무 교육과정 실무칭찬
관리자로 先方向提示 학생교사 지원했네

지난날 돌아보니 제자와 선생님들
스쳐간 긴시간들 기억해 헤아리니
특별히 만난사람들 아름다운 추억일세

그때는 어찌해도 서로가 통했는데
지금의 사람사이 막연하고 조심스러
이제야 떠나는것이 그나마 다행일세

지금껏 남위한일 이제부터 여유로움
나룻배 타고가듯 못본것 보아가며
베풀고 나누어주며 남은인생 누려보세

2. 啐啄同時(줄탁동시)

어릴때 꿈꾸어온 교사가 되고나서
학생이 노력하고 선생으로 도와주니
학생과 啐啄同時가 교사의 역할일세

대학을 졸업하고 첫발령 기억나는
제일회 스승이날 떠나며 삼십구회
평생의 교직생활에 스승임을 자부하네

그동안 무엇했냐 교사생활 묻는다면
재밌는 역사학습 인생의 롤모델화
踏雪野 西山大師詩 후인에게 이정표세

학생과 첫수업에 임규석 산돌소개
모난돌 상처아닌 리빙스톤 기억하며
버린돌 세워주심에 감사로 보답했네

담임반 급훈으로 형식보다 실제를
고전십삼 사랑장에 믿고바라고 견디자
후일에 제자교사말 자기반도 그랬다네

전곡고 신앙제자 주례선 교사제자
평여중 오산여중 편지나눈 여제자들
마지막 정남중제자 師弟之間 이루었네

열명의 제자들과 기억나는 편지노트
편지마다 답장써준 사춘기 상담일지
나눈글 책만들어줘 서로가 간직했네

학생과 했던활동 성경공부 캠핑활동
시합때 아나운서 축제때 마술공연
주말에 역사답사와 요양봉사 이끌었네
간간히 배운마술 아이들과 소통거리
제자들 마술主禮 결혼축복 관객박수
특별한 교장행실에 경인일보 보도됐네

전공인 역사교사 한민족 뿌리캐고
역사탐구 푸른기장 인성교육 등급수상
전문성 인정받으며 일찌감치 승진했네

베이컨은 역사를 지혜롭게 한다하고
EH카는 과거현재 끊임없는 대화라해
인생의 의미부여로 삶의성장 가르쳤네

사람은 죄인이라 타인에게 겸손하고
은혜로 구원받아 매사에 감사하며
청지기 삶실천하며 인성교육 적용했네

학생들 가르치려 이것저것 노력하니
놀이와 미용자격 수지침과 침구자격
이제와 뒤돌아보니 내인생에 재산됐네

학교에 근무하며 배우게된 악기로는
플룻과 클라리넷 섹소폰과 바이올린
내삶의 여유로움과 유익함에 도움일세

3. 同學相張

교직처음 기도할때 예수같은 스승되길
술못한 어려움에 열심으로 돕다보니
사람간 同學相張해 상호필요 알게됐네

그동안 살아온삶 혼자한거 하나없이
하나님 인도하심 학생동료 도와준것
그빚을 갚아야하니 겸손하게 살아보세

근무한 전곡고 평택기공 평택여중
오산여중 동탄중 정남중 화홍고교
교감때 청북능동중 교장양성 기산일세

교사때 사회역사 협동학습 연구담당
교감때 수업심사 혁신학교 시범운영
교장때 자유학기제 교장대상 강의했네

함께한 선생님들 제자처럼 돌봐주어
먼저산 경험으로 특별히 연구돕고
모범과 전문성개발 유유상종 교사일세

교육의 중요성은 교사의 교육철학
생활속 자율훈련 체험통한 행복경험
오늘의 우리아이들 미래주인 준비했네

학생은 기본다져 꼭필요한 사람되기
선생은 행복하게 만남의 선순환을
학교는 배움과나눔 즐거운 공동체세

4. 心系天下(노블리스 오블리주)

죽어서 천국갈때 뭐했느냐 묻는다면
나혼자 잘살았다 부끄러이 말할까봐
작지만 心系天下해 솔선수범 희생했네

작은아들 아빠닮아 운동잘해 체육교사
큰아들 엄마닮아 예술기능 디자이너
아내는 최고의선물 믿음동역 행복하네

내기질 생각하니 합리적 실용주의
어려서 배운신앙 비판없는 긍정심리
평생에 부지런습관 성실하게 성과냈네

칼빈의 청빈정신 이십년된 내자동차
자식지원 교회헌금 선교후원 월드비전
이제는 연금받으니 욕심없이 살아보세

내롤모델 슈바이처 최부자의 六然六訓
노블리스 오블리주 삶에서 실천하니
나에게 재능주심은 이웃에게 베품일세

사십에 不惑이라 주님만 바라보고
오십에 知天命해 주신사명 준비하고
육십에 耳順이어라 모두에게 너그럽네

정리를 좋아하여 틈틈히 쓴글들이
역사논문 역사칼럼 인생칼럼 신앙칼럼
건강칼럼 스무권문집 내인생의 결산일세

은퇴전 이년배운 한의학 灸堂침뜸
내몸에 임상하며 질병예방 건강유지
주변의 아픈사람들 침뜸놓아 고쳐줬네

5. 安眠信仰(안민신앙)

내인생 모든것이 신앙심의 발현이고
은퇴후 노인으로 남은인생 즐기려면
매사에 安眠信仰해 여유롭게 살아보세

결혼후 대전교회 십년지나 대조교회
아버지 은퇴후에 명성제일 안수집사
지금은 하늘빛우리 교회장로 헌신하네

성경의 세개선물 구원받아 주님자녀
보혜사 성령받아 주의일 담당하고
받은복 맘껏누리며 제몫따라 즐겨보네

부모가 주신말씀 합력해 선이루리
召命으로 받은말씀 마음에 소원주심
자녀들 복과지키심 은혜평강 기도하네

믿음의 모태신앙 봉사사역 당연하여
고등부 청년부장 비전스쿨 선교활동
이제는 대안학교와 노인선교 준비하네

지금의 나의믿음 대학때 신앙훈련
봉사의 믿음기질 은사개발 재능기부
노년의 즐거움이란 나눔과 베풂일세

우선은 대안학교 해외선교 사명으로
준비된 교육활동 준비한 침뜸의료
이후에 시니어활동 교회에서 헌신하리

이제야 떠나면서 모든분께 감사하고
부족한 지난관계 하나님이 채워주길
아브라함 복의근원 나로부터 시작하리

10. 기독대안학교 하늘빛우리학교

하늘빛우리교회가 개척하면서부터 담임 목사님의 중요한 비전 중 하나가 다음세대 양육이었다. 그래서 개척한 교회에 주일학교 전도사님을 4분씩이나 모셔와 담당케 하셨고, 자녀들 방과후 활동을 돕는 꿈인 프로그램과 학부모와 함께하는 쉐마 학당을 운영하였다. 이러한 노력은 결국 자녀들의 신앙 교육을 담당할 기독대안학교를 세우는 결실을 보게 되었다.

2016년쯤 4,5 가정의 아빠엄마들이 목사님께 대안학교 건립에 대한 요구가 있어 한 달에 한번씩 독서토론 및 기도회 모임을 인도하고, 주변 대안학교 방문 및 전문가 초청 강의 등으로 준비 모임을 시작하였다. 결국 대안학교 전문가를 교장으로 모셔 4년 후 교회 건축과 함께 학교를 독립시킬 것을 약속하고 교회와 함께하는 하늘빛우리학교를 개교하게 되었다. 담임목사님과 교장선생님의 논의와 이사회를 통한 지원 등으로 어려운 환경이었지만 시스템을 잘 갖추어가고 3년 만에 10여명의 선생님과 70명의 학생으로 확대되었으나 4년차에 이르러 교장선생님의 사의 표명을 수락하면서 혼돈에 빠지게 되었다. 결국 선생님들과 학부모는 교회와 교장선생님 중 하나를 선택하게 되었고, 교회의 뜻을 따르는 사람들과 새로 이사한 교회 건물을 이용해 다시 학교를 시작하게 되었다. 이때 혼란을 수습하기 위해 당회는 나를 파송하였고, 결국 2021년 선생님 중 한분이 교감을 맡고 내가 무보수 봉사 교장을 맡기로 하여 이사한 교회 건물을 학교로 꾸미고 통학 버스와 급식 등의 기초를 만들어 가면서 약 45명의 학생들과 함께 새로 학교를 시작하였다. 이 과정에서 재정과 시설과 활동에 교회와 함께하는 시스템을 만들게 되었고, 하우학교가 기독대안학교로서의 철학과 나아갈 방향성이 정해졌고, 하우학교 건축의 청사진까지 마련되면서 1년 만에 봉사 교장의 역할을 내려 놓게 되었다.

하우학교 운영에 생각지 않았던 예산 투입과 상호 관계자들의 이해관계에 따른 오해와 실제 운영하는 선생님들의 처우 개선 등의 문제가 있지만 교회의 방침에 하나가 되고, 특히 다음세대 양육을 위한 교회의 사명이 잘 정착되기를 바라게 되었다. 나로써도 하우학교에 기독교세계관적인 역사를 가르치고 소명 교육과 탁구 수업을 통해 아이들과 함께했던 1년간이 나의 40년 교직에서 가장 기쁘고 즐거웠던 기억이다. 이제 하우학교 단독 건물이 세워져 본래의 목적대로 잘 운영되기를 기도한다.

4장

'교회 봉사를 위해'

교회 생활에 대하여

1. 교회 문화 답사와 비전 트립 준비

"이와 같이 너희도 기뻐하고 나와 함께 기뻐하라"(빌2:18)

토요 휴업일을 이용하여 우리 교회에서 처음으로 학부모와 함께 하는 토요 답사를 하게 되었다. 여주의 도자기 축제와 신륵사를 구경하며 도자기와 사찰을 배우고 역사 퀴즈를 통해 기쁨을 함께 나누었다. 벌써 3년 전부터 교회학교 부장을 통해 의견으로 나왔던 학부모와 함께하는 활동이 제공되었고 지역 사회 및 문화 활동에 대한 요구가 채워진 행사였다. 처음 홍보했을 때는 많지 않았다가 답사가기 하루 전에 45인승 버스가 꽉 차게 되었다.

올해 초 교회학교에서 특별 예산으로 중고생을 위한 비전 스쿨과 비전 트립, 그리고 학부모와 함께하는 토요 문화 답사 예산이 당회를 통해 풍성하게 채워졌다. 그동안 청소년 비전을 위한 교회의 기도 열매가 맺혀지는 순간이었다. 이제 교회 일꾼들의 수고를 통해 물을 주고 열매를 거두면 된다. 또 우리 교회에 그런 일꾼들이 많다. 중고등부의 비전 스쿨을 통해 중국 단기 선교를 꿈꾸며 계획을 잡았을 때 하나님께서는 북경에서 8년간 선교하다 오신 전도사님을 보내 주셨다. 지금 기도 중에 있는 비전 스쿨과 비전 트립이 잘 준비되고 있다. 우리는 일이 어렵거나 불가능할 것같아 처음부터 포기한다. 그러나 오랫동안 기도하고 시작한 일에는 하나님이 사람들을 붙여 주시고 그 과정을 간섭하신다. 또 토요 답사 행사도 돕은 집사님을 붙여 주셔서 일을 즐겁게 할 수 있었다. 역사 교사로 학생들을 대상으로 오랫동안 답사를 다니며 얻은 노하우를 우리 교회 성도들에게 베풀 수 있는 기회를 주신 주님께 감사드린다. 교회에서 처음하는 일이라 정말 은혜롭게 진행되어 좋은 소문을 통해 앞으로 더 많은 성도들이 참여하기를 바란다. 그동안 쌓은 지식과 삶의 지혜를 성도들을 위해 베풀 수 있다는 즐거움은 해 본 사람만 안다. 담임 목사님도 일도 많이 맡으셨는데 힘들지 않으셔요? 라고 물으신다. 내가 즐겁게 하는 일은 노동이 아니다. 또 주님을 위한 일은 피곤하질 않다.

젊은 시절 교회를 통해 많은 지식과 지혜를 얻고 많은 것을 체험했던 결과, 그것을 그대로 다음 세대와 또 다른 사람들을 위해 베풀게 되었다. 우리의 일의 목적은 일이 성공하고 실패하는 것이 아니라 함께 하는 사람들과 기쁨을 나누는 것이다. 조금 부족하더라도 일을 시작하면 주님을 위한 일이기에 하나님께서 과정을 인도하신다. 나를 통해 많은 사람이 기쁨을 얻고 하나님이 영광을 받으시도록 드리는 삶을 나누어 본다.

2. 교회 항존직

"너희 가운데 성령과 지혜가 충만하여 칭찬받는 사람 일곱을 택하라. 우리가 이 일을 그들에게 맡기고 우리는 오로지 기도하는 일과 말씀 사역에 힘쓰리라"(행6:3,4)

직분의 임직은 임직받은 개인에게는 그 믿음 생활을 인정받고 다른 성도들을 돌보는 봉사자로서 세움을 받고, 교회로서는 더 많은 주님의 일을 할 수 있도록 신실한 일꾼의 세워짐을 의미한다. 이분들은 교회의 질서 속에서 윗자리에서 대우받는 자리에 있는 것이 아니라 밑에서 교회를 돌보고 섬기는 자리에 있는 분들이다. 그래서 우리는 교회의 항존직이 어떤 분들이고 또 나중에 교회의 부름을 받아 이러한 항존직의 자리에서 교회를 위해 봉사하기를 기대한다.

장로는 교회의 택함을 받고 치리 회원이 되어 목사와 협력하여 행정과 권징을 관리하고 교회의 신령상 관계를 살피며 교인들이 교리를 오해하거나 도덕적으로 부패하지 않도록 권면하는 일을 한다. 그래서 책망할 것이 없고, 절제할 줄 알고, 신중하고 단정하여 술을 즐기지 말아야 하고, 남을 때리지 말아야 하고, 오직 관용으로 다투지 말아야 하고, 돈을 사랑하지 않고, 자기 집을 잘 다스려 자녀들로 모든 공손함으로 복종하게 하는 자라야 한다고 성경은 말하고 있다. 안수 집사는 교회의 택함을 받고 제직회의 회원이 되며 교회를 봉사하고 헌금을 수납하며 구제에 관한 일을 한다. 그래서 정중하고 일구이언을 하지 아니하고 술에 인박히지 아니하고 더러운 이를 탐하지 아니하고 깨끗한 양심에 믿음의 비밀을 가진 자라야 한다고 한다. 권사는 교회의 택함을 받고 제직회의 회원이 되며 교역자를 도와 궁핍한 자와 환난당한 교우를 심방하고 위로하며 교회에 덕을 세우기 위해 힘써야 한다. 그래서 정숙하고 모함하지 아니하며 절제하며 모든 일에 충성된 자라야 한다고 한다.

나는 이러한 직분을 가지든 안가지든 겸손히 봉사하는 자가 진정한 주님의 일꾼이라고 생각한다. 직분을 맡았기 때문에 일하고 직분이 없기 때문에 관심을 안 가질 사람은 없겠지만 자신의 믿음과 은사의 분량대로 일하고, 목사님께 순종하여 성도를 돌보고 덕을 세우는 일은 교회 다니는 사람이라면 모두가 해야 할 일이다.

3. 리더를 세우시는 하나님

"내가 누구를 보내며 누가 우리를 위하여 갈꼬 하시니

그 때에 내가 여기 있나이다 나를 보내소서 하였더니"(사6:8)

영적 리더라는 책임감이 부담이 되어 다른 사람보다 더 많이 기
도하고 눈물도 흘리고 마음 아파하고 내 일도 제대로 못하면서 뛰어
다녔던 고생을 혹시나 불만과 불평을 갖고 있다면 그 수고가 헛되겠
지만 그동안 미숙했지만 나로 인해 소속된 부서가 부흥함을 감사하
고 나의 믿음이 성숙해졌음을 감사한다면 그 모든 수고에 하나님께
서 축복하실 것이다.

하나님께서는 영적 리더를 남들보다 잘나고 능력이 있어서 선택
하는 것이 아니라 이미 태중에 선택하셨다(렘1:5, 내가 너를 모태에
짓기 전에 너를 알았고 … 선지자로 세웠노라)는 사실을 알고 있어야겠
다. 그래서 우리의 사명관은 하나님이 내게 어떤 사명을 주시고 나
를 어떻게 쓰실까를 고민하는 것이 아니라 왜 나를 선택했는지 이
유를 찾고 할 일을 생각하는 것이 중요하다. 또 하나님이 한 번 선택

하면 "내가 너와 함께 하니 두려워하지 말고 담대하라"고 하시며 그 사람을 확실하게 쓰신다. 모세는 하나님의 부르심에 여러 가지 핑계(당신의 이름이 무엇이냐. 나를 믿지 못 할거다. 나는 말은 못한다)를 대었고 예레미야도 나는 아이라 말할 줄 모른다고 핑계를 대었지만 하나님께서는 그 부족을 다 채워주시고 일하게 하셨다. 요나는 하나님의 부르심에 불순종하고 도망 갔지만 하나님이 준비하신 큰 물고기 속에서 회개하고 사명을 행하였다. 그런데 이사야는 하나님이 부르실 때 곧 바로 "내가 여기 있나 이다 나를 보내소서"라고 고백하여 큰 일을 이루었다.

하나님이 부르시면 핑계대고 도망가지 말고 알아서 순종하는 게 최고이다. 어차피 하나님이 나를 이 땅에 불러주시고 이 교회에 불러주시고 바로 이때에 이곳에서 일하도록 불러 주셨다고 받아들이는 것이 사명의 시작이다. 하나님이 부르실 때 인간적인 생각으로 이것 저것 계산하고 제지 말고 우선 순종하는 마음이 필요하다. 하나님의 부르심을 받거든 우선 순종하고, 하나님이 함께하심을 믿고 담대하게 나가야겠다.

4. 고3 수능을 위한 기도회

"너는 두려워하지 말라. 내가 너를 구속하였고,
내가 너를 지명하여 불렀나니 너는 내 것이라"(사43:2)

고3들이 수능을 앞두고 함께 기도함으로 하나님의 능력을 간구하고, 하나님이 함께 하심을 감사하고자 한다.

순서에 따라 담당교사를 세우고 말씀과 함께 기도제목을 제공하며 기도하게 하였다. 1. 성령이여 이 자리에 함께 하옵소서("너희가 기도할 때에 무엇이든지 믿고 구하는 것은 다 받으리라"(마21:22)), 2. 지금까지 함께하심을 감사합니다("너희의 믿음의 역사와 사랑의 수고와 소망의 인내를 하나님 아버지 앞에서 끊임없이 기억하노라"(살전1:3)), 3. 수능 전까지 승리하게 하옵소서("다윗이 블레셋 사람에게 이르되 너는 칼과 창과 단창으로 내게 나아 오거니와 나는 만군의 여호와의 이름으로 네게 나아가노라. 내가 너를 쳐 온 땅으로 하나님이 계신 줄 알게 하겠고, 전쟁은 여호와께 속한 것인즉 그가 너희를 우리 손에 넘기시리라"(삼상17:45-47)), 4. 수능 당일을 지켜 주옵소서("두려워하지 말라. 내가 너와 함께 함이라. 놀라지 말라. 나는 네 하나님이 됨이라.

내가 너를 굳세게 하리라. 참으로 너를 도와 주리라. 참으로 나의 의로운 오른손으로 너를 붙들리라"(사41:10)), 5. 주님이 예비하신 대학으로 진학하게 하옵소서("아브라함이 그 땅 이름을 여호와 이레라 하였으므로 오늘날까지 사람들이 이르기를 여호와의 산에서 준비되리라 하더라"(창22:14)), 6. 수험생들을 지켜 주옵소서("너는 두려워하지 말라. 내가 너를 구속하였고, 내가 너를 지명하여 불렀나니 너는 내 것이라"(사43:2)), 7. 대학생이 되어 세상을 이기게 하옵소서("사람이 마음으로 자기의 길을 계획할지라도 그의 걸음을 인도하시는 이는 여호와시니라"(잠17:9)), 8. 우리 모두에게 주님의 축복이 임하소서, 9. 축복의 발걸음으로 인도하옵소서

우리 아이들이 먼저 하나님께 맡기는 믿음이 필요하고, 또 그렇게 가르치는 자세가 필요하다. 아이들에게 가장 중요한 때 기도할 줄 알도록 가르치는 것이 우리의 책임임을 깨닫는다.

5. 부부 가정 건축가

"남편된 자들아 이와같이 지식을 따라 너희 아내와 동거하고 저는 더 연약한 그릇이요 또 생명의 은혜를 유업으로 함께 받을 자로 알아 귀히 여겨라. 이는 너희 기도가 막히지 아니하게 하려 함이라"(벧전3:7)

올해 우리 교회에서 가정사역부가 신설되어 아내가 분과장을 맡으면서 희망하는 가정을 중심으로 매월 부부 가정 건축가 모임을 갖게 되었다. 권면하여 함께한 가정은 부담을 갖어 떨어져 나갔지만 이 모임을 원하는 가정끼리 4가정이 모여 은혜를 나누고 있다. 첫 모임에서 주어진 말씀인 벧전3:17의 말씀으로 가정 건축가의 필요와 목적을 정리해 보고자 한다.

"지식에 따라"는 말씀은 앞으로 가정 건축의 기본을 이룬다. 지식이란 하나님의 말씀을 아는 것이다. 우리가 가정을 갖게 되었을 때 아무 준비도 없이 어른들의 경험과 부부의 생각으로 이끌어 가다 보니 어려움을 겪는 경우가 많은데 하나님께서 처음 가정을 이루신 목적과 약속의 말씀을 알면 바른 가정을 이룰 수 있을 것이다. 또한 지식이란 부부 서로간에 대해 아는 것이다. 서로 사랑하여 부부가 되었지만 2-30년간 자라온 환경이 다르고 판단 기준이 다른 것을 결혼 초기에 서로 확인하여 서로를 잘 이해하는 것이다. "연약한 그 릇"이라는 말씀은 부부가 서로 그런 존재로 이해해야 한다는 말씀 이다. 연약함이란 가정을 이룬 부부는 하나는 연약한 존재이고, 또 하나는 더 연약한 존재라는 사실을 인정하는 것이다. 왜냐하면 서로 죄인이기 때문이다. 그래서 서로의 표현을 통해 사랑받고 싶다는 것 을 확인하여 서로를 긍휼히 여겨야 하고 불쌍히 여겨야 하는 것이 다. 또한 남편은 아내가 더 감성적이고 관계 중심적이고 직관적인 존재로서 생활에 있어 연약한 그릇이라는 것을, 아내는 남편이 논리 적이고 목표 지향적이고 업무 중심적으로 항상 그릇을 채워 넣어야 하는 존재로서 서로 다르다는 것을 인정하는 것이 중요하다. "귀이 히 여기라"는 말씀은 서로 존중하는 것이 결혼 생활의 기본임을 말 하는 것이다. 우리 모두는 하나님의 형상대로 창조되었기 때문에 존 중받아야 하는 것이다. 마귀는 우리에게 자신의 부족함 때문에 사랑 받을 수 없기에 실력이나 외모나 관계에서 남들보다 나아야 존중받 을 수 있다는 논리로 유혹한다. 그래서 남들을 무시하고 명예와 돈 을 사랑하게 만든다. 그래서 부부는 서로 부족한 것이 있어도 받아 주면서 서로 존중하고 있다는 것을 자주 표현함으로 서로를 귀히 여 겨야 한다.

그래서 가정은 영적 공동체이기 때문에 서로 기도가 막히지 않 도록 해야 한다. 우리 가정 건축가팀이 모임을 통해 서로를 잘 이해 하고 하나님 말씀을 바로 알아 아름다운 가정을 건축해 가기를 기도 한다.

6. 장로 임직을 준비하며

5월 5일이 우리교회 창립 5주년을 기념해 임직자를 세우기 위해 지난 6개월전부터 준비해왔다. 내 개인적으로 장로 임직을 위해 기도하고 준비하는 마음을 다음과 같은 마음가짐을 갖고자 한다.

지난 장로 피택을 받은 후 임직자 교육 첫 모임 자기를 소개하는 시간에 "장로가 되지 않더라도 열심히 교회 봉사하겠지만 때가 되어 부르심에 순종하면서 겸손히 받아 들이게 되었습니다"라고 말한 것이 기억난다. 아직 마음의 준비가 되어 있지 않던 시기에 바울 서신서를 통해 임직자의 자세를 공부하면서 바울이 말한 "모든 것이 가하나 모든 것이 유익한 것이 아니니, 누구든지 자기 유익을 구하지 말고 남의 유익을 구하라"는 말씀에서 어떤 직분에서든지 믿음으로 모든 것을 다할 수 있지만 배려하는 마음으로 남을 더 낮게 여겨야 한다는 것을 마음에 새기게 되었다. 사람들은 어느 조직에서나 리더가 되기를 바라지만 바른 리더가 되는 것은 그리 쉽지 않기에 더욱 바울을 본받는 섬기는 자가 되어야하는 것을 다짐하게 되었다.

7명의 피택 장로들이 성남 노회에 가서 장로고시를 보게 되었다. 이때 알게 된 장로교회와 장로의 역할은 또 다른 가르침으로 배우게 되었다. 장로교 교리인 칼빈의 5대 교리 가운데 하나님의 무조건적인 선택과 불가항력적인 은혜에 깊은 감동을 받아 우리가 하나님을 믿음으로 구원에 이르게 됨은 하나님의 예정과 선택하심에 대한 은혜로 이를 감사하는 것이 신앙생활의 기초라는 것을 확인하게 되었다. 더욱이 장로교회란 지교회 교인들이 장로를 선택하여 당회를 조직하고, 그 당회로 하여금 치리권을 행사하게 하는 민주적 교회로서 장로는 목사를 도와 치리에 참여하고, 안수집사는 구제와 봉사에 참여한다는 역할을 알고 난 후에는 장로로서의 부르심에 더 무거운 책임감을 느끼게 되었다.

가끔 좋은 리더란 어떤 사람인가 생각해본다. 그냥 다음과 같은 보통의 리더가 되지 말아야겠다는 생각이다. '보통 어른들은 자신의 성공적 경험을 만변의 진리인 냥 가르치려고한다. 또 소통을 한다고 하면서 자기의 주장으로 남을 설득하려고 한다. 더한 것은 과거의 고리타분한 고정관념으로 사람들을 이끌려고 한다.' 성남 노회의 노회장님이 새로 장로되는 사람들에게 부탁한 말씀이 기억난다. '자기 주장은 누구나 할 수 있지만 장로는 자기 주장이 없어야 합니다' 바울이 남의 유익을 위해 배려하려는 섬기의 자세에 대해 말씀하신 것 같아 마음으로 수긍하게 되었다.

7. 인생은 출장 중

"인생은 그 날이 풀과 같으며 그 영화가 들의 꽃과 같도다"(시103:15)

가정교회에 대한 관심으로 주일마다 가정교회를 실천하는 교회를 다니고 있다. 마침 향상교회에서 지난 번 갖았던 휴스톤의 최영기 목사님의 부흥회 설교 말씀을 듣게 되었다. 하나님께서 자랑스럽게 여겼던 아브라함, 이삭, 야곱의 삶에 대하여 이 땅에 외국인과 나그네임을 자처하며 본향을 사모하는 삶으로서 하나님께서 이 땅에 우리를 출장 보내 주셨다고 생각하며 사는 것이라고 한다.

첫째, 우리의 인생은 하나님이 어떤 목적을 가지고 이 곳에 보냄받았다는 것을 의식하며 살아야 한다는 것이다. 그래서 내가 태어난 시대, 가문, 부모는 하나님의 섭리이기에 그 곳에 깃든 목적을 발견해야 한다. 둘째, 이 세상은 잠깐이요 돌아갈 천국이 있다는 것을 의식하며 살아야 한다는 것이다. 나의 삶에서 결정하고 선택할 일이 있을 때 영생이 있음을 안다면 바른 선택을 하게 될 것이고, 인생의 중간에 잘되는 것보다 인생의 마지막이 잘되도록 해야 한다. 셋째, 이 세상을 떠날 때 모든 것을 놓고 가기게 가진 것을 나누어 주며 가볍게 살아야 한다는 것이다. 자녀들에게 재산도 물려주지 말고 그동안 주었던 상처조차도 다 치유해 주어야 한다. 넷째, 집을 떠나면 고생이라고 불편을 감수하며 살아야 한다. 세상은 불공평하고 불완전하다는 것을 인정하여 완전한 것을 추구하지 말고 완전을 위해 목숨 걸지 말고 마음의 상처를 치유하겠다고 나서지 말라. 진정한 완전과 치유는 하늘나라뿐이다. 다섯째, 하나님이 우리를 보낸 사명을 위해 살아야 한다. 우리의 목적은 행복이 아니라 사명으로서 행복은 사명을 완수할 때 생기는 부수적인 것이다. 우리는 하나님이 주신 사명을 잘 모르지만 사명이란 남의 눈에는 안 띄는데 내 눈에만 띄는 것을 의미한다. 그래서 내 눈에 띄는 것에 충성스럽게 일하다 보면 하나님께서 그 다음 것을 보여 주신다는 것이다. 여섯째, 하나님이 우리에게 목적과 사명을 주셨기에 천국으로 돌아가면 보상을 받게 되기에 상을 위해 살아야 한다는 것이다. 영적인 세계의 상급은 우리가 상상할 수 없는 것이기에 기대하지 않는 것이 아니라 분명한 보상이 있다는 것을 기대하며 살아야 한다.

나는 이 말씀 중에 우리의 인생을 가볍게 살기 위해 자녀에게 유산을 남기지 않고 삶을 나누어 주고 베풀기를 준비하기로 했고, 특히 사명은 내 눈에만 보이는 것을 하는 것이라는 말씀에 아버님 소천 이후 계속 관심을 가진 선교를 나의 사명으로 알고 이를 위해 준비하고 드리고자 한다.

8. 2030년 한국 교회의 미래

아시아 미래연구소 소장인 최윤식 미래학 박사이자 목사는 2030년 한국 교회를 걱정하며 그 대책을 강의하였다.

우리 나라에서는 경제발전과 더불어 기독교가 함께 발전하였다. 이는 당시의 사회 문제인 가난, 질병, 고통의 문제에 교회가 영향력을 끼쳤기 때문이었다. 그러나 이제 한국 교회가 위기에 봉착했는데 첫째, 인구 구조가 변화하여 교회가 노령화된다는 것이다(유럽 500년, 미국 300년, 한국 100년). 둘째 한국 경제가 부동산버블 붕괴와 내수시장축소로 인한 위기에 접하여 교회 중산층이 줄고 극빈자가 증가한다는 것이다. 셋째, 앞으로 주력 세대의 가치관이 변화하는데 기존 권위를 부정하고, 자기를 강하게 표출하는 것이 교회에 위협이 된다는 것이다. 넷째, 패러다임이 변화하는데 지금의 소통 방식과 전혀 다른 스마트 기술의 활용이 극대화된다는 것이다.

이러한 교회 위기는 첫째 가정해체 위기, 둘째 교회교육 위기로 나타난다. 가정해체의 원인은 첫째 직장 생활의 어려움이다. 이제 개인은 직장을 지키기 위해 교회에 헌신할만한 시간적 여유를 못 갖고, 교회 대부분의 성도가 은퇴자의 증가로 자영업을 하게 되는데 이는 5년이내 90%가 망한다는 사실이다. 둘째 저출산 고령화이다. 인구 증가률이 현재 1.08(인구유지 2.01)의 저출산으로 인해 기독교인이 줄게되고, 고령화(프랑스 154년, 미국 94년, 일본 37년, 한국 26년) 속도가 빨라 대비하지 못하여 대부분이 극빈자로 전락한다는 사실이다. 셋째 경제 위기이다. 특히 부동산버블 붕괴로 2007년 최고점 대비 50%로 하락하여 대출로 인해 하우스 푸어가 생긴다. 이러한 가정 해제에 대비하기 위해 교회는 성도들이 어떤 위기에도 하나님을 배신하지 않도록 청지기의 물질관을 가르쳐야 하고, 은퇴자(사업실패, 다단계유혹, 투자실패, 재취업 갈등, 세대간 갈등)들을 위한 준비 프로그램을 제공하여 미래 비전과 남은 인생에 대한 재설계를 도와 주어야 한다. 교회 교육의 위기는 우선 주일학교 학생들이 줄뿐 아니라 젊은 부모들이 욕심이 많아 자녀들이 세상교육과 영적교육에 최고가 되기를 기대하는 것에 교회가 따라가지 못하는 것이다. 이를 위해 교회는 교육부서에 우선 투자를 하여 씨를 뿌려야 하고, 변하지 않는 가치인 원색적 복음을 전해야하며, 변해가는 가치인 소통의 변화에 대응하여 아이들을 가치있는 사람(복음을 겸비한 미래인재)으로 양육하기 위해 교회 지도자가 통합적 능력을 갖추도록 훈련을 받고, 하나님의 사람으로 세우기 위해 가치있는 콘텐츠를 개발해야 한다.(교재 : 향후 20년 미래 대전망, 2020, 부의 전쟁, 10년 전쟁)

9. 교회 문제 성도에 대한 이해

1. 교회 섬기다 탈진하여 교회 안 나가는 이유(톰 레이너 박사)

　1) 교회가 분명한 목적이나 비전이 없다.

　2) 기존에 그렇게 해왔기 때문에 계속하는 일들이 너무 많다.

　3) 소수의 일꾼들이 너무 많은 일을 한다.

　4) 축하 모임을 충분히 가지지 않는다.

　5) 교회가 성도의 의미와 요구하는 헌신의 정도를 분명하게
　　알려주지 않는다.

**2. 혹시 교회 독재자 성도인지 아는 방법(사우스이스턴신학대학 척
　롤리스 박사)**

　1) 현재 교회에 오랫동안 다녔다(교회 이끌 권리가 있다고 생각)

　2) 과거에 지도자의 공백을 메운 적이 있다(자신이 지도자 역

할 경험 강조)

3) 자신이 모든 것을 알고 있어야 한다(알고 있는 것은 권력을 의미)

4) 반대 의견은 들으려고 하지 않는다(자신의 의견만이 옳다고 상대 무시)

5) 모든 중요 결정에 참여해야 한다(자신이 참여해야 일이 제대로 된다고 믿음)

6) 목회자가 자기 뜻대로 해 줄 때만 지지한다(다르면 목회자 반대편에 서게됨)

7) '사람들이 다 그러는데'라는 말을 자주한다(과장된 말로 지지받고자 말함)

8) 긍정적인 면보다 부정적인 면을 많이 본다(잘못되지 않도록 지킨다고 믿음)

9) 자주 지도자들에게 완곡한 협박을 가한다(그러면 헌금 안 할거라고 말함)

10) 교회 재정에 집착한다(교회 안에서 자신의 영향력을 유지하려고 애씀)

11) 하나님의 말씀과 기도에 대한 언급은 거의 없다(하나님과 동행하지 않음)

12) 자신의 독재적 성향을 인정하지 않는다(사탄의 도구로 사용됨)

3. 세속화된 기독교인의 특징(뉴욕 레저렉션교회 조셉 마테라)

1) 하나님의 뜻이 무엇인지 먼저 생각하지 않고 중요한 결정을 내린다.

2) 하나님보다 사람들의 생각이나 시선을 더 의식한다.

3) 성령이 아니라 돈에 이끌린다.

4) 교회 예배에 참석하는 주 목적이 인간관계를 위해서이다.

5) 대중문화가 추구하는 가치를 모방한다.

6) 하나님은 당신 인생의 일부일 뿐이다.

7) 하나님을 추구하는 삶을 살지 않는다.

8) 당신의 삶이 다른 이들에게 복음의 영향력을 미치지 않는다.

9) 제자를 삼지 않는다.

10) 재정에 있어서 성경적 청지기 정신을 가지고 있지 않다.

10. 교회 봉사를 위해

"각각 은사를 받은대로 하나님의 여러 가지 은혜를 맡은 선한 청지기같이 서로 봉사하라"(벧전4:10)

오늘날 교회마다 목사는 지치고 평신도는 지루한 구경꾼과 비판자가 되고 있는 모습이다. 목사가 자신의 역할의 일부를 위임한다는 것은 정말 어려운 일이지만 권위가 세워지면서 일을 맡기는 것은 목회자로서 진정 하나님을 신뢰하는 것이고 성도를 사랑하는 마음가짐으로 성도들이 봉사에 참여토록 해야 한다.

하나님이 교회에 와서 구경꾼이나 되라고 성령을 보내신 것은 아니다. 따라서 목사는 평신도의 잠자던 재능을 일깨워 줄 기회를 주고 하나님의 일에 동참하도록 격려해야 한다. 그래서 평신도도 사역을 통해 세상을 변화시키는 주체가 되고, 다른 사람을 감화시키며 기쁨을 맛보아야 한다. 바로 그것이 봉사이다. 이때 봉사는 닥치는 대로 헌신하는 것이 아니라 자신의 은사를 깨달아 반영하고 자신의 은사에 가장 적합한 영역을 찾아 하는 것이 중요하다. 평신도의 봉사 과정은 1) 예수님의 종으로서 자신의 정체성을 확고히 하고, 2) 자신에 대한 이해(성품, 관심, 열정, 재능, 선호)를 감안하여 전반적인 봉사 방향을 설정하며. 3) 교회나 지역사회에 어떤 도움을 필요로 하는지 파악하고, 4) 가장 잘 맞는 봉사 영역을 발견할 때까지 기다렸다가 봉사를 시작하며, 5) 열린 마음으로 기꺼이 봉사에 뛰어들어, 6) 실험과정을 통해 배워 나가도록 자신에게 너그럽게 기회를 주면서 맛보기 봉사(1시간 봉사)에 참여하고 다음의 질문에 답하게 해야한다(참가했던 일에 의미를 부여할 수 있는가? 봉사를 하고 난 뒤 기분이 좋았는가? 같이 일하는 사람이 마음에 드는가? 자신의 일정과 잘 맞는가?) 봉사는 내게 꼭 맞는 활동을 찾아, 마음에서 일어나는 열정에 순종하고, 나보다 남을 낮게 여기며, 다른 사람에게 봉사하는 것이다.

그러나 우리는 봉사를 하거나 권면할 때 몇가지 조심할 것이 있다. 운영자의 관리 소홀로 시간 낭비를 느끼게 하거나 하찮은 단순 노동만 열심히 반복하게 하고 일만 죽도록 하고 비전이 없고 너무 많은 일을 주문받아 실패와 당혹감만 맛보게 하면 안된다. 그래서 봉사할 때는 새내기 봉사자들에게 봉사가 시간 낭비라는 생각을 하게 되면 낙담하거나 상처를 받기에 봉사자들의 노력이 결코 헛되지 않음을 끊임없이 살피도록 주의해야 한다. 결국 우리가 봉사를 잘하려면 공동체 안에서, 자신의 은사와 가장 가까운 분야로 다가 가서, 봉사 대상인 사람들이 변화되는 모습을 지켜보고, 종의 삶을 살기 위해 성령충만하고 자기 관리를 잘하면 된다. 그러면 봉사를 통해 남을 위해 자신을 내어 주게되고, 내적치유를 경험하게 될 것이다.

5장

'선교에 대한 새로운 마인드'

선교 비전에 대하여

1. 북방 선교를 위한 준비

"외모로 하나 참으로 하나 무슨 방도로 하든지 전파되는 것은 그리스도
니 이로써 내가 기뻐하고 또한 기뻐하리라"(빌1:18)

목회 말년에 북방선교를 하신 아버님의 유업을 돕겠다고 가족들
이 헌신한 이후 북방선교를 위한 준비를 해왔었다. 아버님이 북방
선교를 하는 과정에서 만난 조선족 전도인을 한국의 신학교에서 공
부시키고 2년 만에 중국 산동성 해양지역에서 삼자교회를 개척하게
되었다고 하여 아내와 함께 그곳 선교 현황을 보고 후원하고 기도하
기 위해 산동성 해양 지역과 청도 지역을 다녀왔다.

중국에서의 삼자교회는 중국이 공산화되면서 중국 기독교인들
이 자주, 자양, 자전의 정신으로 중국인이 중국인을 복음화하기 위
해 중국 공산 정부의 인가를 받은 교회이다. 해양의 교회를 방문하
여 한족과 조선족이 함께 드리는 예배에 참석하고, 해양 종교국장
을 만나 점심식사도 하면서 전도인의 비전을 들었다. 삼자교회의 신
도들은 어릴 때부터 믿어온 사람들도 있고 처음 믿는 사람도 있지만

정말 순수했고 열정적이었다. 전도인은 이곳에 교회에 없어 앞으로 최소한 1000여명의 교인과 함께 양육과 구제와 선교를 할 것을 기대하고 있었다.

또 청도 지역에서 중국 정부 몰래 가정교회를 통해 한족들에게 신학을 가르치며 믿음의 리더자를 키우는 선교사를 만났다. 우연찮게 그런 일을 함께하는 10여명의 선생님들과 저녁식사를 할 수 있었다. 추방의 위험 부담을 가지면서 캠퍼스에서 가정에서 열심으로 리더를 양육하는 모습에 그 젊음을 하나님께 드린 진정한 선교사의 모습을 볼 수 있었다. 지금의 중국은 점차 성도들이 늘고 있어 그들을 양육할 수 있는 현지 리더자가 필요하며 이들(양육하는 선교사, 현지 리더자)을 위한 후원이 절대적으로 필요하다고 역설하였다.

바울의 말처럼 무슨 방도로 하든지 전파되는 것은 그리스도이기에 이들을 위한 우리의 헌신이 있었으면 좋겠다. 가장 좋은 것은 우리 교회에서 양육된 선교사가 파견되었으면 좋겠지만 그러기 전까지 이를 위해 기도하고 물질로 후원하면서 마음에 부담을 갖고 북방 선교에 동참하는 열심이 있었으면 좋겠다.

2. 중국 비전 여행 준비

"서서 진리로 너희 허리 띠를 띠고 의의 호심경을 붙이고 평안의 복음이 준비한 것으로 신을 신고"(엡6:14-15)

올해 중국 비전 여행은 비전 스쿨 참여한 중학생 6명과 청년부 5명이 준비하게 되었다. 그래서 이번 중국 선교 여행은 중학생들의 비전 트립도, 청년부의 단기 선교도 아닌 비전 여행으로 결정되었다.

비전 여행에 못가는 여러 이유가 있었다. 학생들에게는 방학 중 학원 강의가 중복되고, 같이 갈 친구가 없다고 하고, 최근 중국에서 지진 참사 등이 일어나 걱정되고, 올림픽으로 인해 선교 활동이 제한받아 전도 활동을 못한다는데 선교 여행의 의미가 없다고 하고, 한국과 비슷한 연길의 조선족 마을로 가니 중국답지 못하다고 하고, 또 점점 어려워지는 경제 상황에 여행비 부족도 그 이유 중 하나가 된 것같다. 그러나 여러 이유로 못갈 사람은 못가지만 꼭 가야할 사람은 가게 되는 것같다. 가끔은 어떤 일을 추진하는데 하지 못할 것에 대한 이유를 찾기가 참 쉽다는 생각이 든다. 이러한 부정적 사고는 할 수 있는 일도 못하게 하는 경우가 많다. 이번 일을 준비하면서 사람들을 설득하고 실무적인 일을 담당하면서 정말 힘들었다. 참여하는 사람은 말 한마디로 자기 표현을 하지만 그것을 준비하는 사람은 그 말 한마디에 여러 서류를 다시 해야 하고 귀찮은 일이 많다. 학교에서 관리자로 방학 중에 해외 여행가는 것이 무척 힘들다. 그런 것들을 감수하고 이 일을 하나님이 원하시는 일이기에 꿋꿋히 해내는 내 행동을 보며 하나님께서 무척 나를 사랑하신다는 믿음을 가진다. 주변의 사람들이 선교비로 혹은 기도로 격려해 주는 것이 참 고맙다. 어린 학생들은 결국 자기를 위해 이 일을 하지만 이것을 준비하는 어른으로서 그들에게 자기의 생각뿐 아니라 그 이상의 넘치는 은혜를 주실 것을 더욱 간절히 기도하게 된다. 아직 어려 잘 모르지만 나중에 어른이 되면 그때의 그런 일들이 그들의 큰 노하우가 되고 큰 은혜이었음을 알테니 말이다.

우리는 평생 선교사의 마음을 갖아야 한다. 이번에 연길을 중심으로 하는 선교와 관광을 통해 평생 선교사로서의 마인드를 충분히 가질 수 있는 기회가 되었으면 좋겠다. 국내에서 믿든 해외에 가든, 혹은 나중에 북한이 열려 제일 먼저 말씀을 듣고 가든 하나님께서는 준비된 사람을 쓰시기 때문에 여러 방법으로 복음과 선교를 준비하는 사람이 되었으면 좋겠다.

3. 비전 트립

벌써 3번째 비전 트립을 가게 되었다. 물론 비전 스쿨을 이수한 학생에 한하기에 가고 싶다고 멋대로 가는 것이 아니기에 그래도 교회 프로그램 가운데 품격있는 활동이다. 올해도 비전 스쿨 과정에서 엄마가 억지로 시킨 딸과, 아빠가 억지로 시킨 아들이 탈락되었다. 사실 그런 아이들까지 품어 주어야 하는데 그러기에는 너무 힘들다. 비전 스쿨을 시작하며 함께 비전 트립을 계획해야 하기에 나태은 선교사님을 통해 소개받은 중국 시안을 놓고 기도하고 준비하였다. 비전 스쿨에 참여한 학생들 8명이 가게 되었고, 가기 삼일 전 학부모를 모시고 기도회를 가지며 마음을 다지게 되었다.

비전 트립은 우리 아이들을 선교의 현장에 데려가는 의미도 있지만 그들이 중국이라는 대륙을 놓고 기도하고 선교 상황을 눈으로 보고 특히 중국의 아이들을 통해 도전과 격려의 마음을 갖게 하기 위한 활동이다. 뿐만 아니라 내게는 아버님이 돌아가시고 남겨 주신 하나님 앞에서의 사명을 실현하기 위한 준비의 장이기도 하다. 처음에 전도사가 있는 해양의 삼자교회를 보고 서한성 선교사의 사역터였던 북경을 다녀오고, 두 번째 두만강을 따라 북한 사역을 하셨던 K 목사님의 사역 현장을 보고, 세 번째는 중국 선교의 성공적 사례인 교육과 선교의 도시 서안의 선교사님들을 보는 것이었다.

점점 사춘기의 아이들을 인솔한다는 것이 쉽지 않은 것을 느낀다. 그들의 안전을 지키는 것도 중요하지만 교회 이름으로 함께 할 때 그들이 무엇인가 얻고 갈 수 있도록 감동과 은혜를 주어야 한다는 것 때문인 것 같다. 그냥 쉬다 왔어요, 관광하다 왔어요, 재미 없었어요 등의 부정적 이야기보다 배운 것이 많았어요, 선교사님들의 힘든 모습을 보았어요, 도전을 받았어요, 나중에 중국에 진출하고 싶어요 등의 긍정적이고 적극적인 표현을 기대한다. 비전 스쿨을 한 자녀들의 어머니로부터 부모로 이야기하면 잔소리이지만 선생님이 아이들에게 가르쳐 주셔서 자식들의 입에서 신앙적인 이야기를 듣게 되어 고맙다는 말씀을 듣는다든지, 선생님이 우리 교회에서 이런 사역을 통해 사춘기 힘든 아이들에게 바른 길을 안내해 주시는 것을 생각할 때마다 감격하여 눈물이 나온다는 말씀을 듣는다든지, 우리 중학교 2학년 학부모들이 다음에 자기 자녀를 시킬 거라고 줄서서 기다린다는 말을 들을 때 나의 이런 일들이 참 보람스럽다는 느낌을 갖는다. 남이 알아 주기 때문에 하는 것은 아니지만 나를 통해 내 주변의 사람들이 축복을 받고 은혜를 얻는다는 것이 내게는 기쁨이다.

4. 박태수 선교사의 선교 활동

"좋은 소식을 전하며 평화를 공포하며 복된 좋은 소식을 가져오며
구원을 공포하며 네 하나님이 통치하신다 하는 자의 산을 넘는 발이
어찌 그리 아름다운가"(사52:7)

미국 CCC 국제본부에서 개척 선교팀 리더를 맡아 미전도 종족
들에게 복음을 전하는 박태수 선교사의 "보이지 않는 세계가 더 넓
다"는 책을 소개받아 읽어 보았다. 아프카니스탄, 인도, 아프리카,
중앙아시아, 그리고 러시아와 이란 등지에서 지금껏 누구의 관심도
받지 못하고 사막의 바람과 함께 쓰러져 가는 사람들의 아픔과 상처
와 죽음과 구원에 대한 이야기를 읽을 때마다 눈물을 닦아 내었다.
또 그러한 사람들을 만나며 복음을 전하는 자들과 함께하며 기적을
일으키고 감동을 주는 사람들의 역할을 읽으며 나의 사명이 불붙듯
일어나곤 했다. 아무 어려움 없이 살아가는 우리들의 상황으로는 이
해할 수 없는 일들이 세계 곳곳에서 일어나고 있는 것을 확인하면서
우리의 염려와 근심이 별것이 아니라는 생각을 해보고, 생명 그 자
체를 지키기 위해 생존해 가는 사람들이 인간다운 생활을 하기 위해

필요한 것이 무엇인가를 생각해 보았다.

특히 아프카니스탄에서 만난 목숨을 걸고 열정을 다하는 일본의 자원의료봉사자에게 예수님을 전할 때, 그녀가 '여기 있는 사람들은 지옥같이 살아가는데, 천국 간다는 당신 같은 사람들은 어디에 있습니까? 나는 죽어 지옥에 간다고 해도 위험을 무릅쓰고 이들을 도우러 애쓰는데 영원한 생명을 가졌다고 하는 사람들은 왜 이런 곳에 오지 않는 거죠? 완전한 사랑으로 세계를 책임진다는 사람들은 어디서 무엇을 책임지고 있는 건가요?'라는 반문하는 이야기에 오히려 내가 마음이 아팠다.

요즘 우리 나라의 기독교는 귀족화되어 먹을 것이 풍부하고 큰 교회당을 지어 세를 과시하며, 목사는 편안한 목회를 위해 큰 교회를 찾아 무탈하게 목회하며 작고 힘없는 교회는 없어져야 한다고 외치고, 선교사로 파송되더라도 자녀들 외국어 교육과 편안하게 생활할 수 있는 곳을 찾고, 돈 많은 성도들도 일정한 물질만 교회 드리는 것으로 만족하며 어려운 선교사를 돕거나 개척 교회 후원이나 어려운 사람의 구제를 위한 헌금에는 인색한 것이 현실이다. 이러한 때에 남들이 알아 주지도 않고 죽음을 각오해야만 들어 갈 수 있는 곳들을 다니며 복음을 전하고 생명을 살리는 일에 나서는 이름도 없이 빛도 없이 사시는 분들이 있다는 것에 함께 동참하고 싶은 마음을 나누게 된다. 그래서 올해도 후원하는 선교사님을 더 모으고, 후원하는 아프리카 아이들을 더 요청해야겠다는 기도를 드린다.

5. 북방 선교의 방향

중국의 기독교를 볼 때, 현재 중국 정부가 인정하는 삼자교회는 이단이거나 잘못된 교회가 아니라 하나님께서 중국 상황에 맞게 건립한 정당한 교회고, 지하 교회는 중국에서 외국인들이 설교나 선교 활동을 못하게 하기 때문에 외국인들이 활동하기 위해 만들어낸 언어로서 삼자교회나 지하교회 등 중국 공산당은 다 알고 있으면서 중국에 도움을 주기 때문에 눈감아 주고 있으며, 결정적 시기에 자기들에게 불리하면 추방하고 핍박한다. 그런데 주님은 그런 중국의 변화를 통해 북한의 문을 여셨다. 북한 선교에 대하여, 90년대 말 북한 탈북자에게는 식량이 필요했지만 한국기독교회는 와서 식량을 조건으로 복음을 전하여 북한에 들어가는 특공대 등을 만들었다. 그러나 탈북자들이 교회를 믿지 못하고 떠났다. 이는 김대중, 노무현 대통령의 정상회담은 이벤트적 정치 쇼로서 진정한 북한 동포를 위해서는 아무것도 못해주거나 오히려 북한 정권을 인정해주는 역효과가 되었기 때문이다. 선교할 때는 복음보다 어려움을 돌봐주고 함께하는 삶속에서의 간증이 필요하다. 선진국은 남을 돕고 봉사하는 나라(힘있는 자는 약한 자를 돕고, 배운 자는 못 배운 자를 가르치고, 돈 있는 자는 돈 없는 자를 도와야 한다 = 예수님의 마음)이다.

한국교회는 거저 받은 은혜를 잃어가고 있다.(자기 교회 중심, 이기주의화 – 큰교회의 세습주의, 건물 대형화, 고급 승용차, 예산의 기도원 및 공동묘지 건립 등). 자기 교회 밖으로 나와서 봉사하고 다른 사람들을 위해 희생해야 한다. 사랑은 상대가 싫어하는 것을 하지 않는 것, 상대의 사랑을 받아 주는 것, 나의 가장 소중한 것을 주는 것(예수님도 소외된 계층과 함께 한 후에 자신에게 가장 중요한 것을 주면서 복음을 전함)이라고 할 때 선교 전략은 때와 장소와 시기에 따라 달라져야 한다.(받아들일 준비가 안 되었을 때 강요하지 말고 그들을 내 편으로 만들라). 진정한 전도와 선교는 이벤트가 아니라 삶(예절, 봉사, 솔선수범) 속에 간증과 은혜를 통해 이루어야 하며 내가 세상으로 가기 전에 세상이 내게 오도록 해야 한다.

북한 기독교 상황에 대하여 다음과 같이 설명할 수 있다.

- 김일성시대(-1994) : 6.25전에 남하하지 못한 교인들에 의한 교회 - 6.25이후 기독교인 숙청(순교, 수용소)으로 죽음, 1990년대 교인 존재 의심
- 북한의 식량 사태(1995) : 북한에 교인이 없어졌을 것이라는 상황에서 식량사태 일어남(러시아 지원 정지, 중국 중류 지원

정지, 산업 시설 정지, 홍수와 가뭄과 김일성 죽음) - 상류층 얻어 먹고 하류층 농사짓지만 하급 공산당은 굶어 죽음

◦중국의 변화 : 1990년대 연변에 한국 교회가 조선족 교회가 지원(성경공부,교회건립), 1996년 NGO에서 북한 난민을 위한 식량 배급을 조선족 교회가 맡아 시작(20kg-콩, 옥수수, 양초 ,아스피린 등) - 당시 교회 아니면 양식 구할 수 없음(탈북하여 교회에 살면서 신앙 배움)

◦김정일시대(1996-2002) : 어린 시절 교회 기억하는 사람, 식량 구하려 왔다가 복음 들은 사람(당시에는 중국 공안에서 체포하지 않음) - 북한에 복음 시작함

◦국제문제화(2002) : 탈북 난민이 중국에 왔을 때 인권 단체들이 외교공관에 들어가 한국으로 보냄으로 문제화 - 중국이 탈북 막기 시작함(중국, 북한 군인이 체포함), 체포 이후에도 두만강 도강하여 식량, 의복, 약품 구하러 옴 - 탈북자들 중 주로 신앙이 있는 사람에게만 식량을 전달함, 중국내 교회에서 북한 사역 못하게 함(교회에서 북한에 대해 말하면 교회 문닫힘), 결국 북한 사역은 목회자 개인이 비밀리 이룸

◦친척방문만 허가(2005) : 2005년 이후 도강 자체가 어려워짐(북한에서 초청하면 한 달간 북한에 들어가거나 중국에서 초청하여 한 달간 있음) - 초청하는데 드는 서류값은 거의 없으나 담당 공산당간부가 허락하면서 약 2000위안 요구함, 중국은 탈북자 막기 위해 두만강변에 벽과 철조망 쌓고 있음

하나님께서 식량 사태를 일으켜 북한에 복음이 들어가게 하셨다.(중국에서 세례, 믿음 양육받고 다시 북한에 들어감 - 순교 당하는 사람 많아짐) 이는 기도의 응답(옛 북한 성도들이 순교 당하며 기도한 응답, 한국 교회의 기도 응답)으로 한국 교회는 북한 성도들을 돌아보아야 하고 섬겨야 할 책임이 있다. 북한 변화에는 공식이 없기 때문에 기다리고 준비하면서 북한 선교 해야 한다(선교는 현장에서 준비하고 연결시키고 예비해 놓아야 한다). 그래서 북한 변화에 대한 준비를 첫째, 중국땅(두만강 주변)에 살고 있어야 한다. 둘째, 마음과 몸이 준비되어야 한다(탈북자 한사람을 섬기고 가르치고 빵을 줄 수 있는 준비) 셋째, 중국에 전진기지가 있어야 한다(학교, 병원, 부지 시설 섬길 필요), 한국교회가 북한을 섬기지 않으면 통일이후 북한은 착취의 대상이 될 것이다(해방신학의 출현이유 - 유럽의 아프리카, 남미 진출 때 착취로 현지에서 해방신학 나옴). 북한 성도를 위해 나라와 민족(망해가는 북한, 부패한 한국 교회), 한국 교회의 올바른 선택, 통일된 이후 북한 성도들이 북한 교회를 이끌어 가도록 기도해야 한다. 이들은 하나님이 북한 교회를 세우기 위해 맡기신 제사장, 한국 교회가 간섭하고 인정하는 것을 막아야 할 사람들이다.

하나님은 준비된 자를 쓰신다. 선교는 하나님이 하신다(나는 주님의 말씀을 전하는 메신저역할). 타 문화권에서의 선교에 필요한 것(언어, 문화(문화를 모르면 헛수고이고 문제 생김)을 준비하고, 상황파악(공식대로, 계획대로 안됨, 성령의 인도 필요)을 잘해야 한다.

6. 선교에 대한 새로운 마인드

올림픽 기간 중 중국에 외국인 입국이 무척 까다로왔다. 저녁에 우리 아이들에게 가르칠 성경공부 교재와 사영리가 발각되어 한참 실랑이 한 끝에 현지 사람들에게 가르치지 않을 것을 약속받고 입국할 수 있었다. 현지 선교사님도 현지에서 직접적인 전도활동을 하지 못한다면서 식사할 때도 눈뜨고 기도하라는 당부의 말씀이 첫 말씀이었다. 우리는 보통 잠깐 동안의 선교라 할지라도 꼭 복음을 전해야만 한다는 고정관념을 가지고 있는데 현지 선교사들은 잠깐 와서 이벤트식의 전도 활동이 현지에서의 선교를 더욱 어렵게 하는 경우가 많다고 하며 단기 선교로 왔을 때는 현지 선교지를 탐방하며 무엇이 필요하고 어떤 전략을 가져야 하는지를 알고 기도하고 후원하다가 최소한 6개월 이상 현지에 와서 선교하는 것이 좋다고 하신다. 말로만 하는 전도는 무책임한 것이고 삶 속에서 섬기고 봉사하고 헌신하며 현지인들을 감동시킨 후 복음을 전하는 것이 진정한 선교라고 하신다. 특히 이번 선교 활동에서는 저녁마다 특강을 통해 중국과 조선족, 옛날 북한의 식량 지원에 대한 구체적인 현지 경험을 통해 선교 활동을 들으며 하나님께서 1990년대 중국과 국교를 맺으며 조선족 사회에 교회를 부흥케 하신 일은 1996년 북한에 식량 난이 일어날 것을 대비하여 복음이 북한에 들어가게 한 하나님의 예비하셨음을 알게 되었다. 6.25전쟁이후 사실상 북한에는 교회가 없어졌는데 식량 사태를 계기로 복음이 북한에 들어가게 되었고 지금 지하에서 조금씩 복음의 씨앗이 심겨지고 있다는 것이다.

중국 비전 여행을 가기 전에 썼던 글이 생각난다. 하나님께서는 이것 저것 따지며 부정적인 사람보다 함께 일하는 사람들에게 축복을 주신다. 이번에 함께 참여한 사람들에게 하나님께서 나름대로 은혜를 듬뿍 주셨다. 어떤 일이든 하나님의 일이라면 일단 하는 것이 원칙인 것 같다. 십일조를 하면 복 주신다고 하였으니 일단 십일조를 해보고, 부모님께 효도하면 축복하신다고 하였으니 일단 효도해 보고, 너희에게 분부한 모든 것을 가르쳐 지키게 하라고 하셨으니 교사로 선교로 말씀을 증거해 보면 그 다음을 하나님이 채워주실 것이다. 하나님의 약속의 말씀을 믿고 실천하는 것은 우리의 몫이기 때문이다. 하나님께서는 꼭 나를 필요로 하지 않지만 내가 일하겠다 하면 나를 통해 일하시면서 당신의 일을 하시고 내게 축복을 주신다. 선교에 대한 새로운 생각으로 하나님이 나를 어떻게 쓰실지 기대하며 또 다른 준비를 해본다.

7. 캄보디아 선교의 다짐

　지난 6년 전 선교에 대한 사명을 받고 매년 한차례씩 선교 여행을 다니게 하신 하나님께 감사드린다. 중국(해양, 북경, 연변, 시안), 인도(나갈로), 캄보디아(따끄마우)로 함께한 사람들이 다르고 선교지의 환경이 달랐지만 올해 캄보디아 선교 여행은 그중에 가장 은혜와 도전을 많은 받은 곳이다. 보통 패케지 여행을 가면 가이드와 함께 유적지 방문이 이루어지는 것처럼 이번 선교 여행은 김정영 선교사님과 함께 각 곳의 사역지를 방문하면서 캄보디아의 현실과 선교 현장의 생생한 사역의 모습을 보며 느끼고 깨닫고 감동받고 도전받은 것이 많았다.

　첫째는 선교사님들의 간증을 통해 모든 것을 내려 놓고 하나님께 맡길 때 하나님이 일하시고, 사역을 확장시키시고, 필요를 채워 주시고, 믿음을 더욱 성장시킨다는 것을 깨닫게 되었다. 선교의 현장은 정말 기적의 현장이다. 믿고 의지할 것이 하나님 밖에 없기에 하나님께서는 사람의 계획이 아니라 하나님께 순종하는 사람의 손발을 통해 기적을 일으키시고 일을 이루신다는 사실이다. 둘째는 캄보디아는 선교사로서 할 일이 엄청나게 많다는 것이다. 정부에서 손쓰지 못하는 일들이 많고, 주변의 다른 캄보디아인들이 도와줄 수 없는 일들이 많아 선교사나 목회자를 통해 사람들이 사람처럼 대우받을 수 있다는 것이다. 또 너무나 많은 상처로 한 세대가 비어 있어 지금은 미약하지만 지금의 아이들을 기독교 신앙으로 키운다면 미래가 있는 곳이기에 사역자의 손길이 많이 필요하고, 지금도 너무 많이 부족하여 어떤 이유로든 캄보디아를 위해 직접 봉사하든 재정으로 후원하든 기도로 돕든 사랑의 손길을 주어야 한다는 것이다. 셋째는 한국에서 CCC 간사를 그만두고 캄보디아 대학생 선교에 뛰어든 간사님이나 한국에서 목회를 은퇴하고 이곳에 신학대학을 세워 무보수로 학생들을 가르치는 교수님들을 통해 어떤 이유로든 캄보디아를 사랑하는 사람들이 많다는 것이다. 이처럼 자신의 전문성을 바탕으로 인생의 후반전을 선교에 힘쓰는 모습은 바로 우리들이 앞으로 행해야 할 사명임을 보여주는 아름다운 모델이라는 생각이다. 넷째는 저녁마다 우리 선교팀이 함께 이야기 나누고 기도하면서 하늘빛우리교회의 선교 방향에 대해 고민하고 함께 생각한 것이다. 우선은 캄보디아의 건전한 선교활동을 확인하였으니 이곳에서 학교 사역이나 영혼 사역을 위해 더 후원해야 할 것과 우리 교회 청년과 학생들이 이곳에 직접 방문하여 사역을 돕고 인생의 도전을 받도록 이곳을 찾는 프로그램과 찾는 사람들에게 선교부 차원에서의 후원을 아끼지 말아야 하겠다는 것이다. 다섯째는 이제 나도 9년 후 은퇴한 이후의 선교 활동을 할 것이라는 막연하고 긴 여정이 아니라 지금부터라도 언어 준비, 전문 사역 준비 등 필요한 것을 하나씩 준비하여 더욱 빠른 시기에 캄보디아 선교를 갈 수 있도록 기도하며 준비해야겠다는 것이다.

8. 선교에 대한 비전

"이것이 온 세계를 향하여 정한 경영이며 이것이 열방을 향하여 편 손이라 하셨나니"(사14:26)

지난 몇 년간 선교를 위해 여러 활동을 해왔다. 우선 북한선교를 이끄는 이희수 전도사, 터키의 서한성 선교사, 중국의 김용건, 이준 선교사를 후원하게 되었고, 아프리카 4명의 아이들을 월드 비전을 통해 후원하고, 중국의 선교지인 해양, 북경, 두만강, 시안 지역을 단기 선교로 학생들을 인솔하였고, 최근에는 인터콥에서 실시한 선교 비전 스쿨 훈련을 받게 되었고, 우리교회 선교부장을 맡아 목사님과 선교정책을 세우고 있다.

나의 선교에 대한 생각은 퇴임 이후에 내 삶의 전부를 드리며 살아갈 실제적인 꿈이다. 첫째로 지금은 여러 해외 선교 현장을 다니며 퇴임 후에 실제적으로 함께하고 도와줄 곳을 찾는 것이다. 둘째는 앞으로 선교 현장에서 꼭 필요한 기술이나 자격 등을 배우는 것이다. 이미 미용기술을 배웠지만 이후 의료 기술(수지침, 뜸, 침술 등)

을 배우고 싶다. 셋째는 실질적으로 도울 곳에 대한 언어를 배우는 것이다. 영어를 우선으로 하고 현지가 정해지면 현지어를 배우고자 한다. 넷째는 국내에서 생활하는데 6개월 내지 1년 단위로 삶의 터전을 옮기고 싶다. 그래서 어촌, 산촌, 농촌 등 여러 곳에서 월세로 살면서 그 지역의 교회를 중심으로 오전에는 전도활동을 하고 오후에는 포터 뒤에 호떡 만드는 기계를 싣고 다니며 장사를 하고 섹스폰도 불고 영화도 보는 등 다양한 활동을 하며 주말에 노인정이나 요양원, 장애시설 등에 호떡 봉사활동을 하고 주일에 동탄 우리 교회로 와서 예배드리고자 한다. 가끔은 이런 생각을 하며 꿈의 날개를 펴다보면 자꾸 새로운 계획이 들어 아내와 나눔을 갖는다.

하늘빛우리교회 왕재천 목사님과의 선교에 대한 이야기는 나의 미래 선교 비전을 더욱 분명하게 해주고 있다. 물질로 돕고 문어발식으로 후원하는 등의 과시적이거나 분산적인 선교 후원이 아니라 실제적으로 선교 효과를 이루고 있는 선교사나 단체에 직접 동참하거나 장기적으로 지원하여 함께 교회나 학교, 봉사 기관 등에 참여함으로 실제적이고 집중적이고 하나님 보시기에도 확실한 선교를 준비해야 한다는 것이다. 정말 동감이 가는 말씀이고 내가 교회의 선교정책에 함께하면서 내 삶을 드리면 된다는 생각으로 하나씩 하나님께 맡겨 드리는 기도를 드린다.

9. 중국 선교

현재의 중국 인구는 약 13억으로 그중 기독교인이 1억 정도 된다고 한다. 중국이 공산화되기 전에 많은 종교가 있었는데 공산화로 인하여 모든 종교 활동이 중단되었다. 특히 60년대 문화대혁명으로 지식인과 기독교인들이 순교 당하면서 기독교가 더욱 어려움을 당하기도 했지만 공산당 정부와 타협을 맺어 양성화된 삼자 교회(자존, 자양, 자생)를 통해 형식적이나마 기독교가 유지되기도 하였다.

1970년대 이후 중국의 개방 정책에 따른 경제 발전은 중국 공산화가 중국의 기독교 부흥을 위한 터전을 마련해 준 역할을 하였다. 1948년 이후 약 30년간의 기독교 억압은 기독교 전파를 위한 준비 과정이었다는 것이다. 우선은 중국 공산화를 통한 국토와 언어 통일은 복음을 전파하는데 있어 소수 민족까지 전할 수 있었고, 둘째로 공산화 기간 중 종교 말살은 중국인들로 하여금 빈 마음과 갈급해 하는 마음을 갖게 하여 1990년대 복음 전파를 계기로 많은 사람들이 기독교를 믿게 되었으며, 셋째로 최근까지의 전국의 도로 정비와 교통 발달은 어느 곳이든 복음을 들고 가게 하였다. 이는 마치 예수님 때와 비슷한 모습으로 당시 헬라어 통일과 모든 길은 로마로 통한다는 말대로 교통과 문화의 통일과 같다.

현재 중국 기독교는 전성시대를 맞이 하게 되었다. 우선 자생적으로 유지되었던 삼자교회가 처음에는 공산당에 의해 영향을 받았지만 지금은 각 교회마다 그 지도자에 따라 순수 복음이 심어지고 있으며, 외국 선교사들에 의해 전파된 가정(지하)교회는 그 수를 셀 수 없을 정도로 많다. 이 가운데 특히 한국에서의 복음 전파는 중국 기독교 발전의 절대적인 영향을 끼치고 있다. 1990년부터 중국 공산당의 경계에도 무릅쓰고 한국 교회가 중국에 진출하여 교회를 세워주고 신학교와 성경 공부를 시켜 주었다. 중국은 이러한 한국 교회의 역할을 경계하면서도 무관심한 것은 한국에서 중국에 종교 투자를 통해 이익을 얻고 있다고 생각했기 때문이다. 또한 중국의 대학생을 상대로 전도하여 지금 중국의 각 대학교마다 현지의 기독교 리더를 세웠다는 사실이다. 그래서 그들이 중국내 선교뿐 아니라 해외 선교, 특히 이슬람 선교에 앞장 서고 있다. 결국 1990년 이후 한국에서의 중국 선교는 한국 교회에서는 교회를 지어주고 성경을 보급시켰고, 한국의 선교단체들은 현지인들을 교육시켜 기독교 리더자를 세워주었다는 것이다. 그렇게 양육된 중국 기독교 리더들은 이슬람교를 막고 기독교를 전파하기 위해 대부분 서부 선교에 집중하고 있다.

10. 북한 선교

> "하늘에 있는 것이나 땅에 있는 것이 다 그리스도 안에서 통일되게 하려
> 하심이라"(엡1:10)

올해 교회, 선교의 달 주제는 북한 선교이다. 성령 강림절을 통해 선교에 대한 비전을 제시하고, 다음 세 주간 북한 탈북 목사 송신복, 샘재단의 박세록 장로, 여명학교 조명숙 교감의 설교가 이어지면서 북한을 위한 기도와 통일에 대한 준비를 시작하게 되었다.

제2의 예루살렘이었던 평양의 믿음이 우리나라 기독교를 부흥케 했는데 1938년 북한 교회가 신사참배를 인정하면서 1945년 해방까지 7년간 우상숭배로 인해 하나님께서는 70년을 억압과 고통을 겪게 하지 않았는가 생각하면서 이제 2015년이 되면 하나님이 회복하실 것을 기대하면서 북한이 곧 열릴 것을 바라보게 된다. 최근 북한의 상황이 하나님을 보게 하시는 역사가 일어나고 있음을 보기 때문이다. 김일성 우상화로 쇄뇌 받은 북한 주민들이 김정일까지는 최고의 장군으로 인정했지만 김정은에게 권좌가 계승되면서

그 권위의 구심점을 잃게 되고, 그동안의 굶주림과 고통으로 죽음을 경험하면서 쇄뇌 받은 우상을 버리고 신의 존재를 찾게 되고, 70년 간 잊혀졌던 하나님을 다시 찾기 시작하게 된 것이다. 1994년 김일성이 죽고 가뭄과 굶주림에 탈북자가 속출하면서 중국에서 들어와 NGO의 도움으로 식량을 얻은 댓가로 예수님을 믿고 북한에 들어가 지하교회를 이루어 가고 힘들고 어려운 가운데 비밀리에 복음이 전해지고 있다는 사실이 서서히 하나님이 일하고 계심을 목격할 수 있다.

　3주간 북한 관련 설교를 들으면서, 탈북하여 힘들 때 간절히 하나님께 기도하며 순간 순간 고비를 넘기게 하신 생생한 체험이 하나님이 살아계심을 확인하게 되었다. 늦게 하나님을 만나 의미 있는 일을 하겠다며 20년이 넘게 변함없이 성실하게 일하자 단동 병원의 샘재단이 북한 선교의 전초기지가 되고, 북한 당국이 의료 물품을 요청하는 등 신뢰를 쌓고 있다는 것이다. 여명학교에 탈북학생들이 생활이 어려워 불쌍해서 도움 받는 것이 아니라 장차 통일이 되면 북한을 이끌 인재가 되기 때문에 지원을 받아야 한다는 생각으로 학생들을 가르치고 매일 새벽마다 통일을 위해 기도하고 있다는 것이다. 통일이 되면 북한의 자원과 개발의 여지가 준비된 우리 남한의 좋은 진출로가 되고, 대륙을 행한 육상 교통의 요지가 되기에 하나님의 축복을 기대할 수 있다는 것이다. 북한이 열리면 제일 먼저 북한으로 가기를 기도한다. 하나님께서 나를 쓰셔서 일하시기를 기도드린다.

11. 사랑의 왕진 가방

 지난 6월 SAM의료복지재단의 박세록장로님이 우리교회 오셔서
북한선교에 대한 말씀을 증거하셨다. 나는 그분의 저서인 '사랑의
왕진가방'을 읽으며 진정한 사랑의 실천에 눈물을 흘리며, 장로님의
성품이 온유한 가운데 주변 상황에 따라 하나님의 부르심에 순종할
때마다 주변의 손길을 통해 큰 일을 이루게 하셨다는 확신을 보게
되었다.

 박세록장로님은 어린 시절 가난에서 벗어나고자 악착같이 공부
해 서울의대를 졸업하고 미국에서 수련의와 연구원 과정을 마치고
산부인과와 불임전문의 가격증을 갖고 병원을 열었고, 수표도 쓰레
기로 착각할 정도로 돈을 많이 벌었지만 점점 스트레스를 이기지 못
하고 몸에 탈이 나기 시작했는데 믿음이 좋은 아내의 강권으로 따라
다니던 부흥회에서 하나님을 만나게 되었다고 한다. 우연한 기회에
인도에서 3주간 의료 선교 활동을 계기로 의료 봉사를 결심하게 되

었고, 1989년 북한에 공식 초청받아 북미기독의료선교회를 조직해 후원금과 자비를 들여 제3평양병원을 세워 외국 국적 의사로 처음으로 시술했으나 북한의 통제와 명령으로 쫓겨나 인간적으로 서운해 하였으나 곧 압록강변을 따라 의료 봉사를 하면서 1997년 샘의료복지재단을 결성하고 단동병원을 세워 북한 국경과 맞닿아 있는 중국 국경에 진료소를 세우고 북한의 생명을 살리는 일에 앞장서게 되었다. 실질적인 의료 선교사역을 시작하여 단동복지병원, 심양사랑병원, 단동 문진소병원과 우수리스크, 집안, 장백 등 압록강과 두만강을 따라 진료소를 세워 조선족, 고려인, 탈북자들을 돕고 이들을 제자 양육하며 북한선교, 남북통일, 세계선교를 감당하는 '말씀으로 새 고구려를 건설'하는 운동을 전개하고 있다.

SAM(Spiritual Awakening Mission, 영적각성선교)의료복지재단은 평신도들이 모여 민족을 위해 기도하고 생명을 살리고 영혼을 구원하기 위하여 부실한 의료와 굶주림에 북한선교에서 출발했지만 만주와 중국, 러시아를 품고 기도하고 있다. 돈과 의료기술로 퍼붓기 지원으로 도왔지만 지금 SAM재단의 역할과 활동이 복음을 바탕으로 사랑의 전파가 가능함을 믿게 되었다. 오랜 시행착오를 거쳐 이제는 복음을 들고 북한에 들고 갈 수 있는 가장 효과적인 북한 선교 방법이 조선족들이기에 이들에 대한 의료봉사와 제자양육을 중점 사역으로 하면서 북한을 직접 방문해 주민들에게 구호품(의약품, 식량, 의복 등)을 나누어주고 사랑을 실천하고 있다. 성공한 의사보다 훌륭한 의사로서의 아름다운 모델이다.

12. 우리 곁에 다가온 무슬림

전세계 74억 중 23%인 16억이 이슬람교들이다. 이슬람은 복종과 정복의 종교이고 무슬림은 복종의 행위를 취하는 사람들이라는 뜻이다. 최근 노동력 부족과 저출산과 고령화로 대부분 이슬람을 받아들인 유럽이 이슬람화되는 것처럼 우리나라도 1990년 이후 외국인이 늘어 현재 외국인 약 300만, 그중 무슬림이 약 23만명으로 이에 대비해야 한다.

이슬람교는 단순하고 공격적이고 남성 중심의 종교이다. 단순히 코란과 알라의 말씀에 복종하면 된다. 그런데 알라 말씀의 대부분은 전쟁과 죽음이다. 성경에는 사랑이라는 단어가 552번 나오는데 코란에는 불과 19번 나타난다. 그래서 공격적이다, 알라를 위한 복종과 희생과 죽음(테러)은 구원받고 천국 가는 가장 쉬운 길이라 가르쳐 자살테러를 통한 순교를 자랑스럽게 생각한다. 지금도 정부에서는 일정한 기간 기독교인을 죽이라고 하달하여 이일을 담당한 자를 영웅이라 하고, 기독교인들에 대한 공포와 위협을 가하고 있다. 남성적이다는 말은 남자 말을 듣지 않는 여성에 대한 성폭행과 폭력을 인정하고, 여성들은 남성을 위한 존재라고 가르친다. 그래서 이슬람의 믿음 6가지는 알라, 천사, 코란, 선지자, 마지막 날의 심판에 대한 믿음이고, 이를 위한 행동 규약 6가지는 신앙고백, 기도, 구제, 금식, 메카 성지순례, 알라를 위한 싸움 지하드(전쟁과 순교)이다. 이슬람의 70%가 무슬림이고 그중 15%가 종교적인 무슬림이고 그중 15%가 이슬람 원리주의자인 과격한 무슬림이다. 코란은 무슬림들에게 행동하고, 싸우고, 자신의 신앙을 실천하고, 이슬람 종교를 수호하고 전 세계를 이슬람화하도록 행동해야 한다고 가르친다. 이슬람의 급진적 성향은 자기중심적인 서구에 대한 적대감, 서구제도의 구조적 모순 때문에 생겼다고 한다. 이슬람의 투쟁은 '방어'와 '잘못을 바로 잡기 위해' 한다는 명분으로 자행된다. 이슬람의 구원관은 알라의 일방적 선택, 선행(착한 일과 악한 일을 기록하는 천사)을 통한 천국(홍옥 왕관, 72처녀와 결혼, 술과 꿀의 정원, 취하지 않는 술)이다. 이슬람의 전도 방식은 다산이다. 여인 1인당 평균 6명의 자녀를 두고, 코란에도 독신은 꼭 결혼해야 하고, 능력있는 남자는 4명의 여인을 데리고 살 수 있게 되어있다. 이슬람에 대한 기독교 반응은 종교개혁이후 무함마드를 거짓 선지자요 배교자이며, 삼위일체를 부인하는 일신론적 이단이고, 이슬람을 적그리스도라고 단정짓고 있다. 그런데 무슬림들은 복음을 전혀 듣지 못해 자기들이 코란과 알라에 복종하여 행동하는 것을 잘못이라고 여기지 못한다. 그래서 이들에게 복음 전도가 필요하다. 요새 그들에게 예수를 전하는 사람이 없어 하나님께서 꿈과 환상 중에 그들을 부르신다(IS의 회심, 병고침 – 바울 부르심처럼)

이러한 무슬림이 우리나라에 가깝게 다가오는데 이를 준비하기 위해 교회는 건강해야 한다. 영국도 무슬림 개종자 가운데 80%가 기독교이었다. 교회가 다문화를 수용하여 그들이 복음을 듣고 기독교 신앙을 가지도록 도와주어야 한다. 자녀들을 잘 양육하여 신앙 전승률을 높여야 한다. 그리고 이슬람권에 선교해야 한다.

13. 캄보디아 의료 선교 준비

내게 선교에 대한 비전은 막연하지만 대학 때 대학생선교회 수련회에서 김준곤 목사님의 결단 요구에 무엇인지도 모르면서 일어나 헌신했던 기억이다. 그러나 선교에 구체적인 결정은 아버지의 마지막 목회였던 북방선교에 후원하다가 2005년 소천하시면서 가족들이 아버지의 뒤를 이어 선교의 유업을 잇자고 결단했을 때부터였다, 그 이후로 조선족 전도사님의 한국 입국 후 신학교 지원과 후원, 교회에서 비전스쿨을 통한 중국과 인도로의 단기 선교 인솔, 하늘빛우리교회에 등록하여 초대 선교부장으로 선교사님들 후원과 특히 캄보디아 선교 등으로 구체화 되었다.

선교를 위해 준비하는 마음을 돌아보니, 이전부터 나름대로 선교를 준비했던 모습들이다. 6학년 때 슈바이처 위인전을 읽고 이후에 가끔 그러한 삶을 살아보고자 생각했던 것들, 대학 때 나사렛을 돕는 LTC강사로 차출될 때 피아노치고 율동하고 성경공부를 시킬 수 있는 한사람으로 선발되면서 능력을 갖춘 준비된 한사람의 중요성을 인식하며 이것 저것 필요한 자격들을 갖추려고 노력했던 것들, 대학을 졸업하고 CCC 간사님들에 대한 후원을 시작으로 목회자, 선교사들에게 대한 꾸준한 후원과 기도들, 그리고 교회와 학교에서 양로원, 노인정에 봉사활동을 위해 마술과 악기와 미용과 침술 등을 배워 이웃의 유익을 위해 실천했던 것들, 교회에서 진행되는 각종 단기 선교와 해외 봉사활동에 참여하여 때마다 도전을 받고 기도했던 것들, 이러한 일련의 생각과 활동들은 점차 선교지에 꿈을 꾸고 준비하게 되는 원동력이 되었다.

이제 은퇴 이후에 선교를 위해 준비한 침구사 자격과 간호조무사 자격, 그동안 수시로 배워 봉사활동에 참여하며 연주했던 각종 악기들을 가지고 우리교회가 처음으로 파송한 캄보디아 시아누크빌의 선교 센터를 중심으로 하나님의 도구로 사용되기를 기도하고 준비하게 되었다. 준비하는 과정에서 하나님은 시기와 상황에 맞추어 마음에 소원을 주시고 해야 할 일을 준비케 하심으로 주의 일에 동참하도록 인도하신다는 것을 깨닫기에 이후 또 하나님이 하실 일이 기대가 된다.

6장

'그리스도인의 재물관'

재정 관리에 대하여

1. 그리스도인의 재물관

"너희가 하나님과 재물을 겸하여 섬기지 못하느니라"(마6:24)

최근 인터넷을 열면 많이 보는 단어가 "금융 위기", "경기 침체", "경제 위기", "외환 위기", "패닉", "도덕적 해이" 등 위기에 대한 말 뿐이다. 미국의 주택 부실에서 시작된 세계 금융 위기는 있지도 않는 돈을 상호 신뢰를 가지고 돌려 돌려 계약을 하고 사용하다보니 위기가 닥쳐 풀어내지 못하고 커다란 충격이 되었다고 한다. 이 문제는 그동안 신뢰라는 명분아래 인간의 돈에 대한 탐욕으로 빚어진 결과라는 생각이 든다. 우리 나라 인구의 반이 주식과 펀드에 가입하고 있다고 하니 이번 위기에 재정 손실로 인해 공포에 휩싸여 있고, 옛날 IMF때의 어려움을 경험한 사람들에게는 또 다시 닥칠 위기에 근심으로 나날을 보내고 있는 것같다.

재물의 여신 맘몬(Mommom)에 대하여 예수님은 한사람이 두 주인을 섬기지 못한다고 하였다. 또 성경은 재물이 있는 곳에 마음이 있다고 하였다. 또 너희를 위하여 보물을 땅에 쌓아 두지 말라고 하였다. 이번 위기를 통해 우리의 재물을 바르게 써야 한다는 교훈을 배운다. 결국 하나님의 나라와 의를 위해 거룩한 목적에 사용된다면 하나님께서는 물질을 포함한 모든 것을 주실 것이라고 약속하셨다. 재물을 사용하는 것에 대하여 성경은 불의한 청지기와 어리석을 부자를 소개해준다. 불의한 청지기는 주인이 주고 간 달란트를 땅에 묻었고, 어리석은 부자는 자신이 벌어 놓은 재산을 창고에 싸 두었다. 그리스도인은 물질과 재능을 묻거나 쌓아 보관하는 것이 아니라 하나님을 위해 잘 활용해야하는 것이다.

물질과 재능을 잘 활용한다는 것은 이웃을 베품과 나눔으로 도와주는 것이다. 진정한 부자는 많은 돈을 소유한 사람이 아니라 많은 사람을 부요케 한 사람이다. 또 최선을 얻기 위해 차선을 버리는 것이다. 하나님의 사업을 위해 돈을 포기하고 버릴 줄 알아야 한다. 또 평소에 성실하고 과정을 중요시 여기며 열심히 사는 것이다. 벼락부자, 벼락출세는 없다. 혹시 그렇게 된다면 오히려 큰 재앙을 맞게 된다. 100년 만에 전 세계적으로 불어 닥친 하나님의 징계를 회개하는 마음으로 받아 들여야겠다. 그러나 염려하지 말고 하나님께서 과거에 우리에게 행하신 기적 같은 일들을 기억하면 하나님께서는 우리를 이대로 놔두시지는 않을 것이다.

2. 살아있는 그리스도인

"재물이 없어도 여호와를 모신 삶이, 많은 재산을 갖고 있으면서 문제가 많은 것보다 낫다"(잠15:16)

그리스도인의 재물관은 주님 안에서 지혜롭게 사용하는 것이라고 한다. 땅에 묻어 두고 창고에 쌓아 두는 것이 아니라 남들에게 나누고 베푸는 것이라고 했다. 그런데 재물 앞에서 그렇게 하기가 참 힘들다. 사람들은 재물을 모아 소유하여 넉넉한 마음을 갖고 싶어한다. 최근 한 연예인이 자살 후 이혼한 남편이 그녀의 재산 50여 억의 재산권을 행사하려 한다는 말을 들었다. 엄청난 재산을 가지고 쓰지도 못하고 죽은 어리석은 사람에 비해 소리 없이 선행을 베풀며 행복하게 사는 연예인들이 있다. 재물을 사용하는 데는 지혜가 필요한 것이 아니라 희생과 용기가 필요하다.

그 연예인 중에는 션(노승환)과 정혜영 부부가 있다. 이들은 자기 집 마련보다 가난한 아이들에게 꿈을 잃지 않게 하는 게 더 급하다며 100명의 필리핀 아이들에게 후원한다고 한다. 또 매일 만원씩 저축하여 일 년이 되면 결혼 기념일에 노숙자, 고아원, 요양원에 365만원을 기탁한다고 한다. 첫 딸아이 돌 때 2천 만원을 어린이 병원에 후원했다고 한다. 또 차인표와 신애라 부부가 있다. 그들의 미니홈피의 이름이 '주님께서 당신을 진정 사랑하십니다'이다. 가난의 반대는 부유함이 아니라 희망이라 하며 컴패션을 통해 31명의 아이들을 후원하고 매년 가난한 아프리카 땅으로 봉사활동을 나가고, 또 봉사활동 중에 마음이 아파 두 아이를 입양하였다고 한다. 그는 하나님의 은혜를 "내가 볼 수 없고 고맙다는 소리를 들을 수 없는 것을 알면서도 도울 수 있는 용기"라고 말하였다.

우리는 요새처럼 어려워 나 살기도 어려운데 누구를 도와줄 수 있느냐고 한다. 많은 그리스도인들이 다 그렇게 사는데 뭐 특별나게 성령 충만하게 사는 사람이 몇이나 되며 자기 것을 나누어 주며 돕는 사람이 얼마나 되냐는 생각으로 편한 마음을 갖는다. 엘리야가 나 혼자만 힘들어 한다고 괴로워 할 때 7천의 기도 용사들이 있었다는 사실을 알았던 것처럼 지금 우리가 알지 못하지만 성령 안에서 살아있는 사람들, 나눔을 통해 행복하게 사는 사람들이 주변에 많이 있다. 나도 그러한 봉사의 현장이나 그러한 생각을 갖은 사람들과 함께 있으면 나누고 싶고 베풀고 싶어진다. 나도 그런 대열에 함께 있었으면 좋겠다. 그런 사람들처럼 살아있는 그리스도인이 되었으면 좋겠다.

3. 그리스도인의 재테크

나라마다의 중산층에 대한 기사가 있다. 프랑스(외국어 하나, 직접 즐기는 스포츠, 다룰 줄 아는 악기, 맛난 요리 기술, 약자를 돕는 봉사활동), 영국(페어플레이, 자신의 주장과 신념, 독선적 행동 금지, 약자 두둔 강자 대응, 불의와 불법에 대처), 미국(자신의 주장에 떳떳, 사회적 약자 돕기, 부정과 불법에 저항, 정기적인 비평지 보기), 한국(부채없는 아파트 30평 소유, 월급여 500만원 이상, 2000cc 자동차 소유, 예금액 1억이상, 1년 해외여행 1회이상)

과거 한국 성도들은 부자가 된다는 것에 대한 거부감과 재물을 불의한 것으로 인식하고 있었다. 이는 주님의 뜻대로 돈을 버는 것과 주님의 뜻대로 돈을 사용하는 것을 가르쳐주지 않았기 때문이다. 이제 성도들은 재물의 많고 적음보다 재물을 얻게 되는 과정에서 재물을 향한 마음의 동기가 어디에 있고, 재물에 대한 성경적인 기준을 가지고 하나님 말씀대로 살고자 하는 마음자세가 중요함을 인식해야 한다. 성경은 재물이 꼭 필요한 도구이고 유용한 수단이라고 말한다. 단지 하나님을 떠나서는 돈에 대해 깨끗한 삶을 살 수 없다는 것과 자신에게 맡겨진 재물을 잘 관리하는 것이 하나님이 우리에게 주신 복을 누리는 삶이라는 것을 알아야 한다. 인간의 욕심과 죄악이 재물을 신격화하여 우상화시켜 재물에 종속된 삶을 살게 하기 때문이다.

그리스도인의 재테크는 첫째, 하나님의 영광을 위해 돈을 벌어야 한다는 것이다. 그러기 위해 청지기의 삶을 살아야 한다. 즉 내 인생에 주인이 있고, 주인이 맡기신 일이 있고, 주인의 결실하실 때가 있다는 것을 아는 삶이다. 둘째, 많은 돈을 버는 것보다 하나님께서 기뻐하시고 원하시는 것이 무엇인지 분별하는 것이다. 그래서 하나님께서 보실 때 합당한 방법으로 돈을 벌고, 돈을 벌수록 하나님의 영광이 드러나야 하며, 하나님의 창조 질서에는 빨리, 많이, 쉽게는 없다는 것과 내가 관리할 수 있는 범위를 넘어선 것은 재앙이라는 것을 인식해야 한다. 셋째, 돈 버는 과정에서 살아계신 하나님을 경험해야 한다. 즉 자신에게 주신 능력을 개발하여 주님의 뜻대로 살아야한다. 그래서 그리스도인은 돈을 많이 버는 것보다 돈을 잘 쓰는 것이 재테크이다. 즉 그리스도인은 모든 지출에서 검소해야 하고(과소비, 사치, 체면유지는 하나님이 기뻐하지 않으심), 이웃을 위해 사용하여 다른 사람의 덕이 되고 하나님나라에 도움이 되어야 한다. 또한 빚지지 말고 저축함으로 계획된 소비를 하는 것이 재테크이다.

4. 그리스도인의 재정과 자유

　성경에서 부하려는 자는 유혹을 받아 믿음에서 떠나게 될 것이라고 경고하지만 사람들은 더 큰 부자가 되고 싶어한다. 그 이유는 자유의 크기는 재정의 크기와 비례한다고 생각하기 때문이다. 종의 특징은 육체적 고통보다 더 힘든 것은 자기 마음대로 할 수 있는 자유가 없다는 것이다. 그런데 성경에서 종들 중 충성을 다하는 자에게 조금씩 자유가 주어지는 것을 볼 수 있다. 달란트 비유에서 '착하고 충성된 종아, 네 주인의 즐거움에 참여할지어다'라고 했을 때 단순히 먹고 노는 즐거움이 아니라 바로 자신의 삶을 스스로 선택할 수 있는 자유를 누리는 기쁨이라고 할 수 있다.

　지금도 재정이 많으면 선택의 폭이 넓다고 하여 더 많은 재정을 소유하고자 하는 사람들이 많다. 이는 성서적으로 볼 때 더 가지려는 욕심과 하나님과 같이 되려는 교만을 의미한다. 그래서 사람들은 자신의 재정으로 다른 사람의 자유를 사기도 하고(돈을 빌려줌), 재정 때문에 남에게 자신의 자유를 팔기도 한다(돈을 빌려옴). 이것이 부채이다. 성경에서는 하나님의 말씀을 잘 순종하면 복을 받아 꾸어주지만 그렇지 않으면 꾸어야 하는 삶을 경고하고 있다. 맘몬에 사로잡혀 하나님을 무시하면 더 큰 포로가 되어 자유를 잃고 고생하게 된다. 부채는 미래를 담보로 오늘을 소비하는 것이다. 즉 미래의 자유를 팔아 현재의 욕망을 채우는 것이다. 성경에서는 부채를 피하라 하고, 형제의 자유를 담보로 돈을 빌려주지 말라고 한다. 기부와 헌금은 내가 사용할 수 있는 자유를 사랑하는 자를 위해 기꺼이 포기하고 양도하여 그에게 주어진 속박을 풀어주는 것이다. '가난한 자를 불쌍히 여기는 것은 여호와께 꾸어 드리는 것이니 그의 선행을 그에게 갚아 주시리라'(잠19:17). 이는 물질의 성공뿐 아니라 천국의 보상을 의미한다.(사58:10-11)

반면에 잘못된 저축은 현재를 담보로 미래를 자기 마음대로 정하고 계획하여 현재의 자유를 팔아 미래의 욕심을 채우는 것이다. 성경은 부채에 대한 경고만큼 잘못된 저축에 대해서도 경고한다. 어리석은 부자 말씀은 인생의 미래와 권한은 하나님께 있는데 나의 미래를 내 마음대로 할 수 있다는 교만을 경계한 말씀이다. 저축에 대해 경고하는 것은 사람이 돈의 유혹을 받아 믿음에서 떠나 자기의 영혼을 해치기 때문이다. 저축이 욕심에 미혹된다면 오히려 저축된 재정에 속박되고 현재의 자유를 잃어버리게 되기 때문이다. 우리는 저축을 가족과 친족을 돌보기 위해 할 수 있다. 단지 미래가 불안해 하나님께 의존하지 않으려는 동기로 저축하는 것과 저축이 우상이 되는 것은 잘못된 생각이다. 성경은 타인을 위해 저축할 것과 어려운 형제에게 꾸어주는 일을 권장한다. 타인을 위한 저축은 하늘 계좌에 저축하는 것이다.

5. 성격과 재정

DISC 유형으로 분류하면 D(주도형)과 I(사교형)은 자신의 필요뿐만 아니라 다른 사람의 필요까지 민감하게 파악하여 그 필요를 채우기 위한 행동도 빨라 적재적소에 필요한 지출을 빠르게 공급하고 도움이 필요한 사람이 느끼기에 만족할 만한 결과를 주기도 한다. 또한 다른 사람이 스스로 느끼지 못하는 필요를 느끼도록 만드는 설득력도 있고, 어떤 프로젝트를 진행할 때 전면에 나서서 사람들을 독려하고 일을 수월하게 진행한다. 그러나 이들은 재정적인 부분에서는 펑크를 잘 낸다. 지나친 자신감에 그들은 정해진 수입 안에서 지출하기보다 들어올 수입을 예상하여 지출하는 무모한 행동을 저지른다. 이러한 유형을 위한 해결책은 첫째, 지출 결정을 늦추는 것이다. 지출 결정을 늦추는 가장 좋은 방법은 기도하는 것이다. 기도하게 되면 하나님께서 더 좋은 대안을 주셔서 늦어진 시간을 만회하고도 남는 경험을 하게 될 것이다. 둘째, 미래에 대한 지나친 기대를 낮추는 것이다. 즉 기대 수익을 0%로 만들어버리면 현재하고자 했던 투자나 지나친 소비를 통제할 수 있을 것이다. 셋째, 이러한 해결책을 실행에 옮기도록 도울 자를 붙이는 것이다. 이들은 결정을 무조건 반대하는 것이 아니라 그들의 결정이 최선의 결과로 나올 수 있도록 철저히 검증하고 예리하게 분석하여 적합한 대안을 제시하는 사람이다.

S(안정형)과 C(세심형)은 미래 필요에 대비하여 현재의 소비를 줄이는 전형적인 절약형 인간이다. 이런 유형의 사람은 돈을 아껴 쓰고, 재정을 효율적으로 관리할 줄 안다. 또 다양한 재테크에 관심이 많고 적극적이지만 돈을 쉽게 투자하거나 남의 말에 흔들리지 않는다. 그러나 이들은 돈을 쓰는 데 자신에게나 남에게나 인색할 뿐 아니라 미래에 대한 지나친 불안과 걱정으로 재물을 쌓아두는 경향이 있어 그렇게 모은 자신이 우상이 되고 노예가 되어 어리석은 부자처럼 자신의 마음이 하나님에게서 떠나 재물로 향할 가능성이 높다. 교회 안에서 돈이 목적이 되면 사역자는 삯꾼이 되고 성도들을 헤치는 이리 떼가 된다. 돈에 대한 유혹을 극복하고 하나님의 충성스런 청지기가 되기 위해서는 첫째, 모은 재정을 의지적으로 헌금이나 기부를 통해 흘러 보내는 것이다. 그러면 자신의 마음이 재물을 따라가지 않고 하나님과 이웃에게 돌아갈 수 있다. 둘째, 쌓기만 하는 저축을 지양하고 쓰기 위한 저축으로 전환해야 한다. 저축의 한도를 정하고 저축이 만기되면 그 목적대로 사용하도록 훈련할 필요가 있다.

6. 진정한 기부 철학

　나의 삶의 철학은 '하나님께 영광, 이웃에게 유익'이라고 하겠다. 그래서 말씀과 기도를 통해 하나님이 기뻐하시는 일을 찾아 하고, 다른 사람의 유익과 함께 하는 사람들에게 덕을 끼치는 일을 위해 애쓰고 있다. 그러다 보니 사람과의 관계를 중요시 여기고, 나로 인해 타인이 불편하지 않도록 노력하고, 더 나아가 상대가 기쁘고 행복하도록 행동하는 때가 많다. 그래서 재정도 나를 위해 쓰기 보다 하나님께 드리거나 남들을 위해 쓰는 경우가 많다.

　최근 우리나라도 많은 사람들이 기부에 동참하나 기부 철학이 부족한 듯하다. 예를 들면 연말에 기부액이 몰리거나 김치, 연탄 배달 등 돈이 별로 안들면서 남들에게 잘 보이거나 특정한 목적을 위하는 느낌이 든다. 즉 기부하는 자선 활동의 내용도 사회 발전에 대한 진지한 고민 없이 단발성 기업체 홍보에 그치는 수준 낮은 기부가 대부분이다. 선진국 기부자들처럼 사회의 어떤 문제를 공략할 것인가에 대한 고민과 철학이 없다는 것이다. 몇 년 전 미국 캘리포니아주에 세워진 SETI(외계 지적 생명체 탐사) 앨런 망원경은 한 마이크로소프트 공동 창업자 폴 앨런이 3천만달러를 기부해 건설한 것이라고 한다. 그는 기부하는 이유를 '인류의 중요한 과학적 문제를 해결할 혁신 기술에 투자하고자 한다. 이 망원경은 우주가 만들어지고 진화한 방식에 대한 이해를 넓힐 것이다'라고 하여 과학적 약진 가능성에 기꺼이 돈을 썼던 것이다. 우크라이나 출신 미국 이민자로 수퍼마켓 바닥 청소로 돈을 벌며 가난하게 자란 모바일 메신저 '왓츠앱'창업자 안쿰은 무료 공개 소프트웨어 서비스 '프리BSD'에 100만달러를 기부했다. 그는 '프리BSD로 프로그래밍을 독학해 빈곤에서 탈출할 수 있었다. 이민자 가정의 아이들이 나처럼 오픈 소스를 통해 프로그래밍을 배워 가난에서 벗어가기를 바란다'고 하였다. 미국 페이스북의 창시자 32세의 마크 저커버그 부부는 '딸이 지금보다 더 나은 세상에서 자라기를 바란다'며 공익을 위해 재산의 99%인 52조 원을 기부하였고, 워린 버핏, 빌 게이츠 등의 세계 갑부들도 기부에 앞서 그 돈으로 무슨 문제를 해결하려 하는지 치열하고 열정적으로 고민하며 기부하였다.

우리나라도 많은 사람들이 기부의 필요성을 인식하고 기부에 참여한다. 이런 상황에서 이제는 단순히 돈만 기탁하는 것이 아니라 기부 철학의 뜻을 가지고 앞으로의 세상을 바꾸는데 사용되도록 기부하기 전에 고민할 필요가 있겠다.

7. 하나님의 인도를 아는 법

　아브람이 여호와의 음성을 듣고 본토, 아비의 집을 떠나 가나안으로 가면 모든 민족에게 복이 되리라는 약속을 받는다. 아브람처럼 듣고 순종하는 것은 어렵지 않지만 듣지도 못하면서 어디에 정착해야 할지? 어디로 가야할지? 어떻게 결정해야 할지?의 답을 얻는 것은 막막하고 두렵고 걱정되는 일이다. 그러나 오랫동안 기도하며 준비했다면 어느 순간 자연스럽게 결정되는 것이 하나님의 음성이었고, 시일이 지나 돌아보면 하나님의 인도하심이었음을 알게 된다. 목사님께서 본토(의지할 곳)인 분당우리교회를 떠나 교회 개척을 위해 수도권 수 곳을 다니며 염려하고 결정하지 못하다가 얼떨결에 동탄의 상가 건물을 계약하고 시작했는데, 지나고 보니 하나님의 은혜이고 인도임을 알았다고 한다.

　내 인생에서도 정착했던 곳들을 돌아 보니 그 당시 머리 굴려 나름대로 따져 결정하거나 우연하게 정착한 곳인데 모두가 하나님의 인도하셨음을 알게 된다. 85년 결혼하며 평택 비전동의 평고교감샘 댁 2층에 세들어 살며 정착했던 것, 87년에 아내의 부용초 발령과 아이를 낳게 되어 객사리 향교아파트를 사서 들어가 아이들의 어린 시절 8년을 살고 대전 교회로 주말마다 다녔던 것, 수원으로 학교를 옮기면서 지동아파트와 다세대 주택에서 생활하다 IMF를 당하면서 어렵게 분양받은 영통 신명아파트로 97년 이사하여 명성제일교회를 정하고 아이들의 사춘기를 보냈던 것, 중간에 몇 곳의 아파트 분양에 떨어졌다 동탄 아이파크아파트를 분양받고 07년도에 이사하면서 영통 아파트에 대한 전세와 매매를 저울질하다 매매하여 여유 자금(금융위기로 일부 재정적 손실도 있었지만)으로 아들을 유학보낸 것과 특히 지금의 하늘빛우리교회를 만나 신앙생활뿐 아니라 사명을 깨닫고 생활 전반에 주님이 기뻐하시는 일을 할 수 있었던 것은 정착할 곳을 알지 못했지만 기도하며 준비한 자에게 주신 하나님의 개입과 인도하심을 보여준 증거이다.

아들이 수도공고 교사로 다니던 2년 동안 아들을 위한 아파트를 이리 저리 생각(제2동탄 작은 평수 아파트 분양, 성남 중원구 기존 아파트 구입 등)하고 있다가 임용고시 합격으로 화성오산 공립학교 교사로 발령받게 되어, 얼떨결에 계약한 오산 세교호반아파트(화성오산을 중심으로 평택, 안성, 수원, 발안 등 교통의 요지, 필봉산 자락의 자연환경, 세교지구의 안정된 구역, 33평의 실용적 구조) 분양은 아들의 미래 삶을 위해 오랜 기도 가운데 결정된 것으로 17년 입주 후 하나님이 계획하신 또 다른 삶을 기대하게 한다.

8. 나의 재정 관리

어렵게 살았던 나의 어린 시절이 기억난다. 초등 4학년 때 담임 선생님이 모두가 노란 모자를 써야한다고 했는데 나는 모자를 사주지 않아 끝가지 쓰지 못하며 항상 선생님께 혼났던 기억이 난다. 중학교 3학년 때 검은색 교복을 새로 맞춰 입었는데 새로 진학한 고등학교는 권색 교복을 입었다. 검은색 교복이 헐 때까지 1년간 남들과 다른 교복을 입고 다니며 남들의 시선을 의식하며 기죽고 살던 생각이 난다. 대학도 일반대 30만원의 등록금을 낼 때 사범대 6만원을 내며 다녔고, 용돈이 부족해 하숙비를 타서 자취 생활하며 지냈던 시절을 기억한다. 그래도 어려운 살림에 등록금을 늦게 내기는 했지만 안낸 적은 없었고 십일조와 헌금은 항상 먼저 챙기는 습관을 가졌다. 내가 대학을 졸업할 때쯤 CCC 간사님들이 자비량 선교를 하게되어 간사님들의 후원자가 될 수 밖에 없어 몇몇 함께했던 간사님들의 선교 후원자가 되기 시작하면서 개인적으로 8,9명 정도의 선교사님들, 어렵게 목회하시는 목사님들, 가깝게 알고 지내는 목회자들께 꾸준히 선교 후원을 하게 되었다. 십일조는 당연하고 교회에서 부서를 맡은 부장이거나 장로가 되어서는 교회 활동에 후원하는 경우가 많았다. 아들이 고등학교 다닐 때 아빠는 교회 청년부 활동에 후원금을 편하게 주면서 우리 용돈은 올려주지 않는다는 핀잔을 받기도 했다. 교장이 되어 20년 된 자동차를 몰고 다니니 선생님의 의아한 눈치를 받기도 했다. 그래서 회식 자리에서 저는 검소하게 살면서 교회나 어려운 목회자들에게 헌금하는 것으로 매년 소나타 한 대는 살 수 있다는 생활 철학을 이야기했더니 며칠 후 교감선생님이 그랜저로 차를 바꾸고 행정실장이 외제차로 바꾸는 일이 있었다. 요새 젊은 아이들이 메이커 옷을 즐겨 사 입는데 학생들에게 선생님은 선물로 받은 것 외에는 메이커 옷을 사본 적이 없다며 칼빈의 자본주의를 가르친 적도 있었다.

크리스천 재정관의 기본은 칼빈이 말한 것처럼 근검 절약을 바탕으로 자신의 삶에 절제를 하며 과부와 고아를 돌보고 하나님의 영광을 위해 쓰여져야 한다는 것이다. 어릴 때 어려운 생활이 근검 절약을 실천할 수 있게 했고, 부모로부터 십일조를 구별하여 드리는 것을 배우고, 대학 때 어려운 목회자를 후원해야 하는 것을 실천한 이후 내 수입의 10의 2조는 헌금과 후원과 구제비로 쓰여진 것같다. 그래서 그동안 하나님은 우리 가정에 재정적으로 축복해주셨고 여전히 나의 재정을 통해 주의 일을 하게 하시는 것에 감사드린다.

7장

'내가 좋아하는 말씀'

말씀 묵상에 대하여

1. 믿음의 대물림

'너의 고향을 떠나 네게 보여 줄 땅으로 가라. 너로 큰 민족을 이루고 복을 주어, 네 이름을 창대케 하리니 너는 복이 될지라'(창12:5)

하나님께서는 구속 사업을 위해 전혀 뜻밖의 아브라함을 선택하여 믿음의 조상과 복의 근원이 될 것을 약속하신다. 이는 하나님 편에서는 구속을 위한 언약의 말씀이고 아브라함 편에서는 자신과 후손들에게 대를 이어 받을 축복권임을 묵상하면서 할아버지대로부터 이제 아들대에게 물려주고 싶은 유산이기도 하다.

아브라함은 하나님 말씀에 고향을 떠나기는 했지만 불신 상태였다. 애굽에서 그랄에서 아내 사라를 누이라 속이며 자신의 목숨을 보전하려고 했다. 약속의 아들을 기다리지 못해 하갈로 하여금 육신의 아들을 낳았다. 그러나 손대접하기 좋아하고 조카를 위해 중보하거나 양보하는 좋은 성품을 가지고 전쟁 중에 전리품을 취하지 않았고, 할례를 요구했을 때 즉각 순종하였고, 며느리를 얻기 위해 충실한 종을 통해 고향에서 가서 찾도록 하는 등 믿음의 행동을 보인다.

그러나 아브라함의 믿음의 전환은 약속의 아들 이삭을 얻고 난 이후로 무조건 순종과 믿음의 행동에서 나타난다. 즉 아들 이삭을 바치라는 믿음의 시험에 순순히 순종하여 합격하였고 아브라함은 확신에 찬 믿음의 행동을 보인다.

이삭은 아버지 아브라함의 믿음을 보며 순종할 줄 아는 믿음에 하나님이 함께 계셔서 백배의 열매와 거부가 되고 파는 우물마다 물이 솟는 축복을 받는다. 이삭의 축복은 아버지의 믿음으로 말미암기도 했지만 축복받을 만한 성품을 가져 분쟁보다 양보하며 화평케 하여 주변 사람들로 하여금 인정을 받았고 매일 묵상과 제물을 바치는 성실한 삶을 살았다. 그러나 에서를 잘 못 키워 믿지 않는 며느리를 데리고 와 부모의 근심거리가 되고, 아내를 누이라 속이고, 말년에 하나님의 약속을 무시하여 에서에게 축복을 주려다가 부부 갈등을 일으키며 에서의 저주와 야곱의 피신 등 가정적으로 어려움을 겪는다.

야곱은 비록 육신적으로 속임수와 계산에 빨랐지만 영적으로 욕심이 많았다. 형에게서 장자권과 축복을 빼앗고, 삼촌 라반의 집에서 속임을 당했지만 많은 재산과 자손을 얻고, 형 에서를 만나기 전 두려움에 하나님께 매달려 기도하며 이스라엘이라는 이름을 얻어낸다. 그는 집에서 도망쳐 홀로 있으면서 조상으로부터 들은 하나님을 벧엘에서 직접 만나 약속을 확신하고 생각과 행동이 바뀌면서 믿음의 사람이 된다. 또 그는 사랑하는 라헬을 얻거나 두려움을 극복해야 할 때 집념을 가지고 믿음의 행동을 하며 영적 유산을 이어받는다.

2. 꿈꾸는 자의 성령 충만

"꿈 꾸는 자가 오는도다. ... 그의 꿈이 어떻게 되는지를 우리가 볼 것이니라"(창37:19-20)

잠언서에 '꿈이 없는 백성은 망한다'는 말씀이 있다. 많은 사람들이 멋진 삶을 살지 못하는 것은 꿈이 없거나 너무 일찍 꿈을 이루어 꿈을 잃었기 때문이기도 하다. 그래서 항상 꿈을 품는 것은 아주 중요하다. 그런 면에서 꿈꾸는 자였던 요셉의 삶은 우리에게 큰 교훈을 준다. 요셉은 끝까지 꿈을 포기하지 않았기 때문에 꿈을 품고 그것을 이룬 자였다. 그는 출발이 좋지 않아도, 가까운 사람의 지지를 받지 못해도, 절망적인 시련이 연속적으로 일어나도, 꿈이 실현되기까지 오랜 시간이 걸려도 꿈을 포기하지 않았다. 요셉의 삶은 고난과 역경의 연속이었지만 이를 극복하면서 큰 사람이 되었다. 이런 면에서 과거에는 IQ를, 최근에는 EQ와 NQ를 중요시했다면 앞으로는 역경극복지수가 높은 사람이 대우받게 될 것이다.

꿈을 품고만 있으면 꿈에 지나지 않지만 꿈을 실현하기 위해서는 특별한 변화의 과정이 필요하다. 그것은 나의 힘이 아니라 성령의 역사이고 은혜가 필요하다고 생각한다. 베드로가 주님을 만나 주의 일꾼이 되고자 할 때, 성령을 사모하고 성령 충만을 선포함으로 자신이 할 수 없는 일을 성령을 통해 이루었던 것처럼 성령께서는 꿈을 품은 자에게 감격을 주고, 꿈을 이루도록 변화시키고, 꿈을 이룰 수 있는 능력을 준다. 다니엘은 항상 주님과 동행하면서 자신의 꿈을 다듬어 갔지만 성령의 충만함으로 힘을 얻었다. "큰 은총받은 자여, 두려워하지 말라, 평안하고 강건하라, 내가 힘이 나서 이르되 내 주께서 강건케 하였으니 말씀하옵소서"(단10:19). 베드로와 다니엘이 남들과 똑같은 성정이었으나 주님을 만나고 동행하면서 성령 충만함으로 변화되고, 힘을 얻어 하나님의 일을 할 수 있었던 것처럼 성령과 함께하는 삶이 중요하다.

꿈꾸는 자는 어떤 일을 할 수 있는 기본이 된다. 역경과 어려움이 다가와도 이를 극복하는 것은 품고 있는 꿈이 있기 때문이다. 또 꿈이 실현되기 위해서는 변화가 있어야 하는데 이는 성령의 역사를 의지하고 항상 성령 충만한 삶을 살아 변화의 힘을 얻을 수 있다. 성령으로 하나된 사람이 되게 하옵소서.

3. 사명자, 모세

"모세가 죽을 때 120세였으나 눈이 흐리지 아니하고 기력이
쇠하지 아니하였더라"(신34:7)

북한에 의료인으로 병원도 운영하고 많은 구호물자를 전해주면
서 북한 정권이 바뀌지 않는 한 밑빠진 독에 물 붓기 식이라는 것을
알면서 북한 동포를 불쌍히 여기고 이들에게 필요한 것은 하나님의
사랑과 복음밖에 없다고 생각하며 단동복지병원을 세워 운영하시며
인생의 말년까지 수고하는 박세록장로님 내외분이 계신 단동에서
주일에 예배를 함께 드렸다. 주일 설교에 우리 목사님의 설교에 진
정한 사명자로서의 삶이 무엇인지 도전을 주었다.

박세록장로님은 이곳 단동이 사도행전에 나오는 고린도의 아레
아파고스 같은 곳으로 앞으로 세계의 모든 정책가들이 모일 수 밖에
없는 곳으로 복음을 증거하는 전초기지가 될 것이라고 믿고 계신다.
그래서 단동병원이 현재는 북한환자들에게 복음을 전하고 응급영양
식품을 보내는 운동을 하지만 앞으로 경의선이 개통되고 나면 이곳
을 정점으로 실크로드를 따라 미전도 종족들에게 복음이 전파될 비

전을 갖고 계신다. 이에 우리 목사님은 모세의 유언을 통해 그 비전을 실천하는 자세를 나누었다. 모세는 하나님이 약속한 가나안 땅을 눈 앞에서 바라보며 숨을 거두었다. 첫째로 120세에도 눈이 희미해지지 않고 기력이 쇠하지 않았다고 하였다. 하나님의 일은 개인의 건강이 다해서 끝나는 것이 아니라 그에게 맡겨진 사명을 다할 때 끝낸다는 사실이다. 하나님에게서 모세의 역할은 광야에서 하나님을 섬기는 방법을 가르치고 가나안까지 인도하는 것이었다. 모세는 그 일에 순종한 것이다. 둘째로 그의 무덤이 어디 있는지 아는 이가 없다고 했다. 사명자는 죽은 후 우상처럼 섬김을 받는 것이 아니라 그의 생전의 삶이 후손들의 삶과 생각 속에 남겨져 계승되어야 하는 것이다. 셋째로 그는 항상 여호수아를 데리고 다니고 마지막에 안수하며 가나안 정복을 부탁하였다. 모세는 자신에게 맡겨진 일에만 전념한 것이 아니라 후계자 즉, 사람을 키웠다는 것이다. 그래서 하나님께서 맡기신 이스라엘 백성을 끝까지 사랑하고 인도할 수 있는 여건을 만들었던 것이다.

모세 입장에서 자기가 영광을 받은 것이 아니라 하나님이 영광을 받으시도록 겸손히 내려 놓아 자신이 떠남으로 하나님의 일이 끝난 것이 아니라 하나님의 역사가 계속 이어지도록 순종하였다. 하나님 입장에서 하나님은 모세든 여호수아이든 하나님께 순종하는 자를 백성의 인도자로 세우시고 하나님의 뜻이 잘 이루어지도록 도구로 사용하신다는 것이다. 선교사의 보내심을 기다리는 내게 하나님의 도구로 순종하는 자세를 배우게 되었다.

4. 40년 방황이 주는 교훈

"이스라엘 자손이 여호와의 명령을 따라 행진하였고 여호와의 명령을 따라 진을 쳤으며"(민9:18)

요새 새벽기도회 묵상이 민수기 말씀이다. 민수기 말씀은 참 따분한 것들이 많다. 족장 소개, 절기 소개, 율법 소개 등. 하지만 몇 가지 주제를 중심으로 보게 되면 새로운 관점에서 은혜가 되는 말씀들이 더러 있다. 물론 깊은 묵상에서 나오는 하나님의 말씀으로 새벽마다 목사님을 통해 듣는 말씀이나 개인적인 묵상으로 느끼는 것들이 그것이다. 사실 지난 1년간 새벽기도를 하면서 처음 복받쳐 울어 보기도 하고 수없이 감사드려 보기도 하였다.

몇 가지 새롭게 들려지는 말씀 가운데 우선은 출애굽하며 세었던 백성수와 40년이 지난 후 가나안 입성 전에 세었던 백성수가 불과 2,000명 정도만 차이가 난다는 것이다. 하나님께서 갖고 있는 계획은 정확하다. 출애굽이후 하나님의 기적을 직접 체험하면서도 때마다 힘든 일이 생기면 불평 불만을 표현하다가 40년을 방황하며 기존 세대를 다 물리치고 새로운 믿음의 세대들을 같은 숫자로 세우셨다는 사실이다. 둘째는 여호수아가 모세를 계승하도록 전 회중 앞에서 인수인계를 시켰다. 하나님이 쓰시는 인물은 하나님께서 준비시키신다. 가나안 정탐 이후 모세는 여호수아를 곁에 두고 여러 활동을 돕게 하였고 가나안 입구에서 여호수아에게 전권을 넘긴다. 모세는 자신이 40년간 이끌어 왔던 것에 대한 아쉬움도 있었겠지만 하나님의 말씀을 순종할 줄 알았고 자신을 내려놓을 줄 알았다. 여호수아는 멋진 리더십을 배웠고 이후에 하나님께 순종하며 대변하는 지도자가 된다. 셋째는 가나안 입성 전에 하나님께서 또 다시 잔소리를 시작한다. 제사 드리는 방법, 절기 지키는 방법, 특히 우상 숭배하는 가나안의 민족들과 섞이지 않도록 주의를 당부한다. 우상을 멀리하고 율법을 지키면 축복받고 그렇지 않으면 저주를 받는다는 사실을 누누이 다시 설명한다.

40년 방황의 시기였던 민수기의 말씀은 지금 살아가는 우리에게 똑같이 적용되는 말씀이다. 하나님의 약속의 말씀은 처음이나 마지막이나 동일하지만 우리가 믿지 못해 문제가 발생하는 것처럼 약속을 끝까지 믿어야 하고, 또 하나님께서 우리에게 우상 숭배하지 마라, 율법과 율례를 잘 지키라 하며 잔소리하듯 우리의 삶에서도 끊임없이 스스로 잔소리하고 특히 자녀들에게도 가르쳐야할 것이다.

5. 기드온이 주는 교훈

"여호와의 사자가 기드온에게 나타나 이르되 큰 용사여 여호와께서 너와 함께 계시도다"(사6:12)

분당우리교회의 특별새벽기도회 말씀을 올려 놓아 계속 듣다보니 기드온에 관한 말씀으로 3주간에 걸쳐 들은 이야기를 요약해 본다.

기드온 당시 블레셋과 아말렉에 의한 이스라엘 점령으로 백성들로 하여금 비굴한 삶을 살고 있었지만 기드온은 하나님을 믿으며 정의로운 울분을 갖었다는 사실이다. 그러면서도 두려워 몰래 믿을 수밖에 없는 상황이지만 그래도 그러한 울분은 결국 하나님이 기드온을 선택하여 이들을 물리칠 수 있는 힘을 주셨다. 오늘날 젊은이들은 사회 현실에 대해 비판하고 관망하며 쓴 소리를 잘하지만 이러한 울분이 없다는 사실이다. 한 시대를 겪는 시기에 올바른 일을 위해 울분을 가지고 나설 수 있는 용기가 필요하다.

또 하나님은 적군을 칠 용기있는 자들을 부르게 되는데 처음에 3만 4천명이 모였으나 이들을 모두 거두고 300명을 고르게 된다. 이

것은 숫자의 많음과 자기들의 힘으로 대결하려는 자기 위주의 믿음을 거두고 오로지 하나님만 의지하게 하기 위해 감히 대적할 수 없는 최소한의 숫자를 고르게 한 것이다. 이는 우리가 좋고 선한 일을 하려고 결심해도 자기의 능력과 힘과 배경을 믿고 행하지 않고 모든 것을 버리고 오로지 하나님만 의지하는 믿음을 가질 때 하나님께서 쓰시고 승리하게 하신다는 사실이다.

결국 전쟁에서 승리하여 이스라엘을 기뻐하고 기드온을 왕으로 세우려 했지만 기드온이 이를 거절하여 겸손한 것 같았지만 아주 작은 일(백성들에게 금을 얻어 금에봇을 만들어 이 때문에 올무에 걸림) 때문에 한 순간에 무너져 버리는 것을 보게 된다. 사탄은 승리하여 긴장을 풀고 있을 때, 커다란 유혹이 아니라 아주 사소한 일로 사람에게 들어와 영적으로 무너지게 한다는 사실이다.

한 시대를 이끈 기드온은 평범한 사람이었지만 하나님을 믿는 작은 믿음을 바탕으로 자신의 힘과 능력과 재물을 믿지 않고 하나님만 의지하게 하는 방법으로 사람을 쓰게 하심과 아주 작은 일에서 영적 분열과 갈등을 가져다 준다는 교훈을 배우며, 자신의 능력을 내려 놓고 하나님만 의지하는 법과 사소한 일 때문에 영적으로 타락하지 않도록 기도해야겠다.

6. 고통을 통한 축복과 청지기직

"내가 가는 길을 그가 아시나니 그가 나를 단련하신 후에는 내가 순금같이 되어 나오리라"(욥23:10)

옥한음 목사님의 "고통에는 뜻이 있다"는 글을 통해 변장된 축복을 읽었다. 우리가 고통을 당할 때에 고통의 정체를 찾으려 하기 보다 고통을 통해 섭리하시는 하나님을 바라보아야 한다는 말씀이 있다. 즉 고난 자체의 문제를 보지 말고 고난을 주신 하나님을 보라는 것이다. 그것이 축복이다. 마치 예수님을 믿으면 행복을 얻고 고난을 피할 것으로 생각하는데 하나님은 우리를 광야로 몰아 고난을 통해 산산히 부수고 새로운 인격을 만드시기에 애벌레가 고통을 통해 나비가 되듯이 우리도 광야의 훈련 과정을 거쳐야 한다는 것이다. 그래서 바울도 노력없는 은혜는 교만하기 쉽다고 하며 자기에게 주신 가시에 감사하고 약한데서 강해진다고 고백했다.

신명기 8장에서 하나님께서는 광야 생활을 통해 자신의 믿음 없음을 알게 해서 하나님을 바로 깨닫는 자에게 축복을 주신다는 말씀을 하고 계신다. 그러나 욥이나 예레미야를 통해 배우는 지혜는 실패하고 깨닫는 사람보다 실패하지 않기 위해 준비하는 사람, 즉 평소에 하나님이 어떤 분인지 잘 알아 매일 그 인자하심과 성실하심을 묵상하는 것이 중요하다는 것을 깨닫는다. 우리는 기도할 때 우리 방법대로 구하지만 하나님은 방법이 아니라 하나님의 계획대로 해 나가신다는 것을 믿고 내 인생에서 하나님의 주권을 인정해야 하겠다.

그래서 우리는 평소 삶에서 하나님의 주권을 인정하는 청지기로서의 소명을 갖고 행동해야 한다. 청지기란 주인의 것을 맡아서 책임있게 관리하고 나중에는 책임있게 결산을 해야 하는 신분의 사람이다. 성경에서 나타난 청지기의 공통점은 모든 것을 자기 것으로 여기지 않고 하나님 것으로 여기는 사람들이었고 하나님께서는 그들을 높이 쓰셨다는 것이다. 특히 시간의 청지기는 우리에게 주어진 시간을 하나님의 뜻을 분별하여 그 뜻을 이루어 가는 기회로 여기며 최선을 다하는 사람이다. 또 재물의 청지기는 물질을 사용할 때 신뢰를 주고, 물질을 써야 할 곳을 위해 기도하면서 하나님이 나를 통해 물질을 쓰시도록 내어 드리는 사람이다. 청지기로서 하나님의 일을 열심히 하다보면 그 필요한 시간과 물질을 하나님이 채워주시게 되는데 바로 이것이 하나님이 주시는 축복이라고 생각한다.

7. 순종과 믿음

"순종이 제사보다 낫고 듣는 것이 숫양의 기름보다 나으니"(삼상15:22)

진정한 섬김은 순종을 기초로 하며, 섬김의 모델은 예수님께서 하나님이신데 육신으로 오신 것과 제자들의 발을 씻기심에서 찾을 수 있다. 그러나 우리가 제대로 섬기지 못하는 것은 과거에 열심인 것에 대한 보상 기대와 상대적 평가 때문이다. 이는 마르다가 주님께 대하여 섬김으로 봉사했으나 마리아는 일을 돕지 않는다고 불평함으로 그 보상을 잃어버리게 된 말씀에서 쉽게 알 수 있다. 그래서 우리는 봉사할 때 열심보다 어떤 마음으로 봉사하는가가 더 중요하다. 봉사의 원칙은 하나님이 우리에게 남을 섬기라고 주신 은사로 봉사하고, 어떤 보상 기대보다 하나님을 위해 봉사하는 것이다.

"존 비비어 목사님의 순종"이라는 책에서 그리스도인의 순종에 대해 몇 가지 명확한 말에 관심을 갖게 되었다. 첫째는 우리들의 잘못된 순종의 태도로는 자신이 좋아하는 것에만 순종한다는 사실이다. 둘째는 모든 권위는 하나님이 주셨기 때문에 악한 지도자라도 복종해야 한다는 것이다. (모세와 바로, 한나와 엘리, 예수님과 빌라도), 셋째는 순종은 권위에 반응하는 행동의 문제이고 복종은 권위에 대한 태도의 문제이기 때문에 권위에는 무조건 복종하되 어떤 것은 순종하지 않아도 된다는 말씀이다. 그리고 넷째는 지도자가 잘못된 행동을 회개하지 않을 때는 그를 떠나라는 말씀이다. 여호수아가 주님의 말씀대로 순종하여 여리고 성을 무너뜨린 말씀을 묵상하며 순종의 결과가 얼마나 중요한지 깨닫게 된다. 하나님은 여리고성을 돌지 않고 가만히 앉아서 지켜보게 하셨더라고 무너뜨릴 수 있었다. 문제는 방법이 아니라 말씀에 순종하는 것이었다. 우리가 주의 말씀을 무조건 순종하면 하나님은 하나님의 방법으로 축복을 주신다. 그래서 신앙인은 순종을 통해 믿음이 성숙해진다. 또 반석 위에 집을 세우는 것과 같이 순종의 바탕은 말씀이다.

순종과 믿음에는 법칙이 있다. 첫째로 하나님을 신뢰하면 순종하기가 쉽다. 하나님의 축복을 경험한 사람은 저절로 하나님을 따르게 되는 거룩한 긍정(기꺼이 순종하게 하심)을 갖게 된다. 둘째로 하나님이 우리에게 좀 더 큰 것을 요구하게 될 때 순종하면 더 큰 것을 경험하게 된다. 그래서 순종은 손해가 아니라 횡재인 것이다. 셋째로 하나님 일은 하나님이 하시기 때문에 우리는 순종하고 따라가면 된다. 괜스리 염려와 자기 해석으로 하나님보다 앞서서 악수를 두지 않도록 조심해야 한다. 넷째로 하나님은 우리에게 아무 준비도 신뢰도 없는데 갑자기 아프리카로 가게 하시는 분이 아니다.

8. 다윗의 성실과 정직함

"그의 빛이 붉고 눈이 빼어나고 얼굴이 아름답더라. 일어나 기름을 부었더니 다윗이 여호와의 영에게 크게 감동되니라"(삼상16:12)

요새는 역대상 말씀으로 매일 성경을 묵상한다. 특히 다윗의 순종과 성실한 신앙 태도를 보면서 우리 아이들에게 해 주고 싶은 이야기를 적어 본다.

다윗은 매순간마다 하나님께 순종하고 찬양하고 기도하며 주님과 동행하며 살아간 삶의 모범을 보였다. 특히 성전 건축을 하고자 했지만 선지자를 통해 피를 많이 흘려 아들 솔로몬에 의해 건축하게 될 것이라는 말에도 서운해 하지 않고 하나님이 하시는 일에 순종하며 건축을 위한 준비로 모든 물건을 모아 놓고 아들에게 왕위와 성전 건축을 위한 설계를 넘기게 된다. 그는 왕위에 있는 40년 동안 항상 성실했고 공의로 왔으며 정직했다. 또 자신이 잘못한 일에 철저히 회개하며 하나님을 원망하지 않았다. 이러한 다윗의 삶을 배우며 최근에 공부하며 힘들어하는 아들들에게 세 가지를 전하였다. 첫째는 다윗의 삶처럼 하나님을 바로 알고 주변의 환경을 탓하거나 세상의 능력을 보지 않고 항상 하나님과 함께하는 것을 확인하면서 하나님께 민감한 마음으로 순종하고 감사하며 살자는 것이다. 둘째는 우리의 삶이 생존이 아니라 사명을 수행하고 성공이 아니라 섬긴다는 자세로 살아가야 한다는 것이다. 셋째는 바로 지금 막막한 미래에 대한 두려움보다 주님이 주신 소원을 이루기 위해 최선을 다해 공부하면서 겪는 어려움을 통해 뜻을 이루시고 성취하시는 하나님을 만나고 경험함으로 평생에 그런 하나님을 믿고 맡길 줄 아는 지혜와 믿음을 얻기를 바란다.

하나님은 성실한 사람을 들어 쓰신다. 하나님은 순종하는 사람을 쓰신다. 내 입장에서 말하면 나의 삶이 생존과 성공을 향하는 것이 아니라 주님의 부르심에 응답하여 사명을 수행하되 섬김과 나눔으로 그 일을 행해야 한다는 사실이다. 다윗을 대표하는 단어인 하나님 경외와 성실함과 정직함을 우리 아들들이 그대로 배워 보기를 기도한다.

9. 다니엘의 신앙

"네가 항상 섬기는 너의 하나님이 너를 구원하시리라"(다6:16)

유대의 탁월한 역량과 신앙을 갖춘 귀족 출신 다니엘은 15세에 패전국의 불모로 잡혀 바빌론의 정부 요직에서 일하게 되면서 이름 (다니엘-하나님은 나의 심판자, 하나냐-여호와는 인자하시다, 미사엘- 하나님과 같은 이가 누구냐, 아사랴-여호와는 나의 구원에서 벨드사살- 벨이 가장 아끼는 왕, 사드락-악의 권세, 메삭-악과 같은 이 누구냐, 아 벳느고-신의 종)이 바뀌고, 바벨론의 이방 학문(점성술, 주술, 박수와 술객)을 공부해야 하고, 왕이 하사는 특별한 음식을 먹어야 하는 영 적 정체성의 혼란에도 최고의 실력자가 되고 하나님을 경외하는 자 가 되었다. 다니엘과 세 친구는 율법 규정으로 금하는 돼지고기 등 제사 음식을 거부하는 과정에서 위계질서(상사 지시를 거부)를 흐트 리지 않으면서 창의적 객관적인 대안을 제시하여 열흘간 채식만 한 결과 다른 동료보다 더 윤택하여 고위관료의 정치적 생명을 위협하 지 않으면서 다른 유대 청년들의 비난과 자신들의 배고픔 및 손해를 극복하면서 환관장과 관료들에게 인정받게 되었다.

다니엘은 느브갓네살 왕의 꿈을 해석하면서 바벨론을 하나님이 다스리는 줄 깨닫지 못하는 왕에게 7년간 들짐승과 같이 들에서 지내는 병에 걸리니 회개하라고 당당하고 분명하게 하나님의 말씀을 전하고, 또한 베사살 왕의 꿈을 해석하면서 왕이 저울에 달아 부족하여 나라를 메대와 바사 사람에게 준다는 하나님의 메시지를 전달하는 하나님의 대사 역할을 하였다. 또한 페르시아의 다리오왕이 등극하여 3총리 체제로 다스려 81세의 이방인 다니엘을 수석 총리로 삼으려할 때, 반대파들이 다니엘을 모함하여 사자굴에 넣게 될 때 동료들에게 허물과 그릇됨이 없이 바르게 살았고, 왕이 다니엘을 살리려는 모습에서 왕들의 신임을 받은 것을 알 수 있다. 이는 다니엘이 하나님의 사람으로 능력과 경륜과 인격을 갖추고 일터에서 당당하게 상황을 진단하고 구체적으로 나아갈 방향을 제시하여 세상을 변화시킬 줄 아는 지혜와 용기의 사람이었음을 알 수 있다.

다니엘은 자기의 하나님을 믿는 믿음의 사람이었다. 다른 신을 믿으면 죽인다는 조서에도 불구하고 하루에 세 번씩 무릎을 꿇고 기도와 간구를 할 수 있었던 것, 말씀을 읽으면서 하나님의 뜻을 찾았던 것, 항상 성령의 인도에 민감하여 하나님이 주시는 말씀을 통해 시세를 판단하면서 기도로 인생과 사역의 방향을 잡았던 것이다. 그래서 느부갓네살왕도 '너의 하나님은 참으로 모든 신들의 신이라', 다리오왕도 '네가 항상 섬기는 너의 하나님이 너를 구원하시리라'고 인정하였던 것이다.

10. 요나의 회개

"여호와께서 가라사대 네가 수고도 아니하였고 배양도 아니하였고 하룻밤에 났다가 하룻밤에 망한 이 박 넝쿨을 네가 아꼈거든"(욘4:10)

요나를 부르심 : "여호와의 말씀이 요나에게 임하니라. 너는 일어나 니느웨에 가서 그것을 향해 외치라" 하나님은 우리가 능력이 있어 부른 것이 아니라 택하여 쓰시기 위해 부르신 것이다. 하나님의 부르심과 사역은 하나님이 꼭 나를 사용하지 않더라고 다른 방법으로 하실 수 있지만 일하는 사람을 통해 하나님의 일을 이루시고 그로 하여금 기쁨에 동참케 하기 위함이다. 그래서 우리는 '사명 주세요'라고 기도하는 것이 아니라 '사명을 행할 능력을 달라'고 기도해야 한다. 우리는 내가 하나님을 위해 사역을 감당해드린다고 착각하지 말아야 한다. 하나님은 내 도움이 필요없지만 서툰 나를 하나님의 계획 가운데 끼워주시고 함께 일하고 싶어 하신다. 말씀을 듣고 자각하고 결심하기는 쉬우나 실천하는 것이 어렵기에 성실하게 대처하여야 한다.

요나의 불순종 : "다시스로 도망하여 마침 다시스로 가는 배를 만나니 풍랑을 만나 제비뽑기로 요나가 뽑히니라" 요나의 불순종은 타당한 이유가 있었다.(니느웨에 대한 악한 감정, 힘없는 자신의 말을 듣지 않을 것, 니느웨에 대한 상처, 탕자의 둘째처럼 자아 실현과 자기애, 첫째처럼 자기의). 그러나 하나님의 논리는 요나가 니느웨로 가는 것이다. 마침 다시스로 가는 배를 만나 성공한 것같았지만 결국은 망하게 되었다. 그래서 평소에 하나님의 뜻을 묻는 것이 중요하다. 세상은 교회나 크리스찬들이 무기력하고 부패하고 타락하면 지적한다. 요나가 배에 올랐을 때 사람들은 요나의 불순종을 지적했다. 이때 요나는 비록 하나님 앞에 불순종했지만 세상 속(배)에서 폭풍 가운데 정직했고, 책임질 줄 알았다. 희생을 각오하고 내려놓으니 당장의 위기가 해결되었다.

요나의 회개 : "내 영혼이 내 속에서 피곤할 때에 내가 여호와를 생각하였더니 내 기도가 주께 이르렀사오니" 요나는 자신이 없어 불순종했으나 하나님은 하실 수 있다고 생각하고, 위기 상황에서 주저 앉지 않고 간구했다. 위기는 변장된 축복으로, 위기가 왔을 때 하나님의 관점으로 해석하는 것이 축복의 통로가 된다. 하나님은 불순종한 요나를 내치고 다른 선지자를 택할 수도 있었지만 회개하는 자를 용서하시고 다시 기회를 주신다. 하나님이 바라시는 것은 내 인생의 성공이 아니라 성숙이다. 내 삶의 과정에서 하나님을 발견하고 하나님이 일하시는 것을 보며 하나님께 맡겨 드리는 데까지 이르도록 하는 성숙이다.

11. 온유함

"유순한 대답은 분노를 쉬게 하여도 과격한 말은
노를 격동하느니라"(잠15:1)

요즘 세대가 보여주는 일관된 정서는 분노라고 생각된다. 최근 젊은 세대들이 취업을 못하고, 노력해도 안 되고, 희망이 없는 상황이나 베비붐 세대들이 준비되지 않은 은퇴나 어려운 생활고가 분노의 원인이 되어 작은 일에도 욕설과 다툼과 갈등을 일으키고 양보하거나 용서하지 않는 분위기이다. 요즘 대표적인 본노의 표현이 보복운전이라는 생각이 든다.

이러한 분노와 반대되는 성품, 갈등을 해결해 주는 성품이 온유함이다. 온유하다는 말은 유순하다, 온화하다, 부드럽다라는 의미의 헬라어 '프라오스'에서 파생되었다. 그냥 겉으로 보기에 조용하고 착한 사람이 아니라 긴박한 상황에서도 변함없이 부드러움을 유지하는 성품이 온유이다. 그래서 성경에서는 온유함은 타고난 성품이 아니라 제어된 힘에서 나오는 성품이라고 한다. 즉 온유함이란 힘이 없는 것이 아니라 힘을 가지고 있으면서도 나를 위해 쓰지 않는 것이고, 온유함이란 겸손과 약함을 넘어 부드러운 것같으면서도 강한 것이어서 분노를 막는 힘이 될 수 있다. 분노를 느낄 때 힘이 없는 사람은 악을 쓰게 되지만 힘이 있으면 참을 수 있다. 온유의 열매를 맺은 사람은 영적인 힘이 생긴다. 아브라함이 롯에게 좋은 것을 양보한 것, 혈기의 모세가 가장 온유한 사람으로 평가받은 것, 요셉이 복수를 위해 자기 힘을 쓰지 않은 것, 다윗이 사울을 죽일 기회에도 해치지 않은 것은 바로 온유의 힘이었다.

온유함은 분노와 무관심 사이에 존재하는 절제된 중용의 감정이다. 예수님이 간음한 여인 때문에 분노로 가득 찬 사람들에게 절제된 중용의 감정으로 '너희 중에 죄 없는 자가 먼저 돌로 치라'고 부드럽고 유순한 말씀으로 군중의 분노를 막아냈다. 온유함은 타고난 성품이 아니라 하나님에 의해 길드려진 성품이다. 온유의 원어적 의미는 '길드는 것'을 뜻한다. 즉 하나님의 뜻에 길들려 여러 상황에서도 내 뜻대로 하고 싶은 대로 사는 것이 아니라 하나님의 뜻에 순종하며 사는 것이다. 온유함은 사람을 용서하는 성품이다. 성령의 열매인 온유가 맺힐 때 가장 큰 표징은 용서이다. 타인을 짓누르고 자기를 주장하고 자아 실현하는 것을 최고의 가치로 여기는 이 시대에 지고 살고, 참고 살고, 용서하며 살 수 있으려면 하나님이 주신 유일한 수단인 말씀과 기도로 온유의 열매를 갈망하고, 성령을 통해 우리의 삶 속에 온유를 허락하시도록 순종하며 살아야 할 것이다.

12. 전도서의 하나님 선물 묵상

"사람마다 먹고 마시는 것과 수고함으로 낙을 누리는 그것이 하나님의
선물인 줄도 또한 알았도다"(전3:13)
"어떤 사람에게든지 하나님이 재물과 부요를 그에게 주사 능히 누리게
하시며 제몫을 받아 수고함으로 즐거워하게 하신 것은
하나님의 선물이라"(전5:19)

새해 광주의 광림기도원에서 가족과 함께 기도하면서 어제 송년
예배 때 우리 가정에게 주신 말씀을 4가지로 묵상하며 적용해 본다.
첫째, 50후반의 나이가 되어 뒤돌아 보니, 기쁜 일보다 힘들고 어려
웠던 것들이 생각나는데 그런 고민과 걱정과 힘들었던 결과, 때마다
하나님께서 함께하심으로 아름다운 결실이 주어졌던 것을 확인하게
된다. 20대 믿음의 훈련과 어설픈 열정들, 30대 새로운 가정을 세우
고 제자 양육에 힘썼던 일들, 40대 자녀들에 대한 관심과 승진을 위
한 노력들, 50대 학교의 리더로서 학교와 교회와 가정을 섬기면서
받은 축복들, 그때는 하나님이 하시는 일의 시종을 몰랐지만 이미
지난 일들에 믿음의 눈으로 보니 하나님께서 주신 축복이었고 감사
할 수 밖에 없는 추억이다. 이제 60, 70, 80대에도 때를 따라 아름
답게 하실 하나님을 기대하면서 내게 주어진 사명을 찾아 힘쓰고자

한다.

둘째, 사람들이 사는 동안 기뻐하며 선을 행하는 것이 하나님의 선물임을 깨닫고, 내 삶에 사람들을 섬기고 배려하며 선한 영향력을 끼치고자 하는 이유와 명분을 '기뻐하며 선을 행하는 것'임을 확인하여 이후에도 내가 살아야 할 이유이고 내게 주신 사명을 구체적으로 수행하는 목표로 삼고자 한다.

셋째, 사람마다 먹고 마시는 것이 하나님의 선물임을 깨닫고, 항상 건강하여 내가 기쁘게 일할 수 있도록 관리하고 노력해야 할 것 같다. 특히 우리 자녀들이 젊어서 자기 몸을 잘 관리하여 먹고 마시는 것을 소중히 여기도록 가르쳐야겠다.

넷째, 수고함으로 낙을 누리는 것이 하나님의 선물임을 깨닫고, 나의 삶에서 편안하게 쉬면서 세상의 가치로 행복을 찾기 보다 하나님이 주신 사명을 위해 수고하면서 즐거움과 행복을 찾아야겠다. 행복은 사명의 부산물이기 때문이다.

이후에 나이가 들면서도 내 마음에 소원을 주시는 하나님이 나를 통해 일할 수 있도록 매일 말씀 묵상과 기도를 통해 깨어 하나님 말씀을 듣고, 몸도 건강하여 기쁨과 수고로 선을 베풀면서 즐겁게 살면서 이러한 삶의 방법과 목표를 자녀들에게 가르치고 모범을 보이기를 기도한다.

13. 기도의 방법과 방향성

"무엇을 먹을까 무엇을 마실까 무엇을 입을까 하지 말라. 이는 다 이방인들이 구하는 것이라. 너희 천부께서 이 모든 것이 너희에게 있어야 할 줄을 아시느니라"(마6:32)

기도에 대해 새롭게 깨달은 것이 있다. 첫 번째는 기도의 방법이다. 나는 기도에 대한 좋은 격언을 가지고 있다. "기도보다 성령보다 앞서지 말라", "기도하지 않고 성공했다면 성공한 것때문에 망한다" 그래서 어떤 일을 하기에 앞서 꼭 기도를 드려야 하는 것을 알았기에 기도의 응답이 있건 없건 기도는 드렸는데 염려와 걱정이 많았다. 그런데 목사님을 통해 또 다른 격언을 알려 주셨다. "하나님께 맡기면 하나님 문제, 맡기지 않으면 내 문제" 사람이 기도하면서도 염려하는 것은 내 마음의 주인이 나 자신이기 때문이라고 한다. 하나님께 맡길 줄 아는 것은 내 마음의 주인으로 주님을 모셨을 때 가능하다.

두 번째는 죠지 뮬러 삶속에서 5만 번의 기도 응답을 받은 예화를 통해 기도의 방향성을 깨달았다. 죠지 뮬러의 기도는 모두가 그의 뜻대로 구한 것이다. 먼저 그의 나라와 그의 의를 구하면 들어 주시고, 또 매번 들어 주시니 하나님께 대한 전적인 신뢰가 확대되고 그러면 또 응답받게 되는 선순환이 계속된다는 것이다. 기도는 지나가는 사람에게 동냥을 구하는 거지처럼 한번 구해보는 것이 아니라 항상 교제를 통해 잘 알고 있는 하나님께 신뢰의 마음을 가지고 구하는 것이다. 그러나 혹시 내 뜻을 억지로 구하여 응답받았더라도 그 응답은 결코 좋은 결과가 아니라는 것을 히스기야 왕의 생명 연장을 통해 알 수 있었다.

세 번째는 기도의 응답이다. 우리들은 내가 기도한 방식대로 응답받기를 원하지만 하나님께서는 하나님의 방식으로 응답해 주신다는 것이다. 하나님은 우리에게 무엇이든 주시고 싶어하신다. 그래서 위에서 깨달은 것처럼 주님께 맡기고 신뢰하는 가운데 그의 뜻대로 구할 때 넉넉히 채워 주신다. 그러나 하나님의 축복의 응답에는 꼭 그만한 테스트가 있다고 한다. 물질을 주실 때는 물질의 테스트를, 권력을 주실 때는 권력의 테스트를 하신다. 아브라함이 이삭을 드리는 믿음의 테스트를 통과하여 믿음의 조상이 되었던 것처럼 우리도 물질로 혹은 믿음으로 하나님이 쓰시는 일꾼이 되도록 테스트를 잘 치루어야 할 것이다. 우리는 간구와 응답의 반복을 통해 믿음이 성숙해져 간다. 기도는 하나님을 믿는 우리의 가장 큰 무기이다.

14. 자기애와 자기의

"네 동생은 죽었다가 살아났으며 잃었다가 얻었기로 우리가 즐거워하고 기뻐하는 것이 마땅하다 하니라"(눅15:32)

내가 그리스도와 함께 십자가에 못 박혔나니 이제는 내가 사는 것이 아니요 오직 내 안에 그리스도께서 사신다는 것을 체험하고 고백하여 그리스도 안에서 내가 죽을 줄 아는 사람이 진정 내려놓을 줄 아는 사람이라는 '더 내려놓음'을 읽고 난 후, 내가 주님을 믿으며 나도 모르게 나타났던 자기애와 자기의에 대해 특별히 생각하게 되었다.

현대를 살아가며 나타나는 최고의 관심은 자아 숭상과 자아 실현이다. 인터넷의 메시지도 교회 신앙 생활의 목표도 내 삶의 목표도 모두가 나 중심이다. 특히 자기가 받은 상처에 집착하는 우울증도 사실은 자기 보호 본능에 기인한다. 모든 것 속에 자기애가 숨겨져있다. 내가 죽고 주님의 주권을 인정하면 모든 것이 해결되는데 자기애에 빠져 자만심과 열등감에 빠져있다. 누가복음 15장의 탕자가 그런 자기애 때문에 허랑방탕하게 살다가 모든 것을 내려놓고 아버지를 찾았을 때 진정 자유함과 행복함을 얻게 되었다. 그러나 더 큰 문제는 믿음의 확신을 가지고 교회에서 열심히 봉사하는 우리들이 갖는 자기의이다. 누가복음 15장의 맏아들은 허랑방탕하다 돌아온 작은 아들을 기쁘게 맞이한 아버지에 대해 분노하고 판단하고 불공평하다 불평하고 더 나아가 자기의에 대한 댓가를 요구하였다. 혹시 내가 열심히 봉사하고 수고한 것만큼 하나님께서 축복을 주실 거라고 믿거나 나보다 못한 사람에게 하나님께서 축복을 주시는 것을 불평한다면 회개해야 할 것이다. 하나님은 자신의 뜻을 이루기 위해 나같이 부족한 사람이 필요한 것이 아니다. 내가 아니어도 하나님은 해 내신다. 하나님은 나를 불러 하나님의 기쁨에 동참케 하기를 원하신다. 우리가 바라는 것은 믿음의 댓가가 아니라 하나님 자신이어야 한다. 하나님이 바라시는 것은 내 인생의 성공이 아니라 성숙이다. 내 삶의 과정에서 하나님을 발견하고 하나님이 일하시는 것을 보며 하나님께 맡겨 드릴 줄 아는 것이다.

둘째 아들처럼 자기 사랑에 빠지지 말고, 맏아들처럼 자기의에 빠지지 말아야 한다. 그저 내 삶에서 순간 순간 내가 죽고 겸손히 순종하며 하나님으로 채워질 수 있도록 나를 더 내려놓아야 한다.

15. 항상 성실한 사람

> "베드로가 모든 사람 앞에서 부인하여... 맹세하고 또 부인하여... 저주하
> 며 맹세하여 이르되 나는 그 사람을 알지 못하노라"(마26:70)

이번 QT에서 베드로가 주님을 부인하는 장면이 나온다. 처음에
는 모든 사람 앞에서 부인하고, 두 번째는 맹세하며 부인하고, 마지
막에는 저주하며 부인한다. 그래도 예수님의 수제자라고 인정받았
고, 그의 믿음의 고백을 자주 칭찬받기도 하였다. 그런 제자에게 배
신당하신 예수님의 느낌은 어떠셨을까? 물론 성령을 받기 전이기에
예수님도 아셨겠지만 인간적으로 본다면 스승인 예수님이 잘못 가
르쳤다는 생각에 그 치욕이 아주 컸으리라 생각된다.

신앙 생활을 하면서 열심으로 봉사하고, 앞에서 일하는 사람들
이 대견스럽고 격려하고 싶을 때가 많다. 그런데 어느 땐가 그 사람
이 안 보인다. 혹은 누구와 마음이 안 맞아서 그렇다고 하고, 혹은
내가 이 교회에서 일할 환경이 안 된다고 하고, 혹은 직장에, 학교에
서 일 맡은 것이 많아져서 그렇다고 하고.... 등등 여러 말을 듣게 된

다. 베드로처럼 12 제자 앞에서 리더 역할을 하다가 결정적일 때 스승을 부인하고 저주하는 모습까지는 아니지만 신앙의 리더자는 항상 성실해야 한다. 마음에 안 맞는 것이 있으면 맞추면 되고, 환경이 안 되면 환경을 만들어 가면 되고, 일이 많아지면 자기 관리를 통해 우선 순위를 정하여 처리하면 될 것이다. 물론 이런 것들이 핑계 거리이지만 그런 핑계없이 항상 변함없어야 한다. 어떤 목사님들은 청년 때의 신앙을 믿지 못한다고 한다. 그래서 일꾼을 쓸 때 조심스럽게 쓴다고 한다. 열정과 뜨거움은 있지만 성실성이 없기 때문이란다. 우리의 믿음의 활동은 한 번에 그치는 것이 아니다. 나를 보고 있는 사람들이 많다. 그렇지 않아도 말하기 좋아하는 것이 인간인지라 항상 자기 관리에 신경 쓰고 섬기고자 하는 마음으로 변함없는 삶을 살아야겠다.

베드로도 후에 성령 체험을 한 후에야 변함없는 믿음의 일꾼이 된다. 우리에게 믿음은 추상적인 것도 아니고, 열정으로 이룰 수 있는 것도 아니다. 주님을 인격적으로 만나 마음만 변하는 것이 아니라 끊임없는 훈련을 통해 성실한 체질로 바꾸어 가야 한다.

16. 내가 좋아하는 말씀

"주의 말씀의 맛이 내게 어찌 그리 단지요. 내 입에 꿀보다 더 다니이
다"(시119:103)

내가 가장 좋아 하는 말씀이 로마서이다. 첫째는 내가 예수님을
영접하고 구원의 확신을 가지고 기쁨이 넘치는 가운데 배운 첫 번째
말씀이었고, 둘째는 사도 바울이 복음에 대하여 가장 체계적으로 정
리하여 내가 알고 싶었던 말씀을 정말 가슴 속 깊이 느끼고 깨닫게
한 말씀이었기 때문이다. 처음 로마서를 공부할 때 성경 말씀이 꿀
보다 더 달다고 했던 다윗의 고백이 나의 고백이었고, 그 말씀을 얼
마나 전하고 싶고, 가르쳐 주고 싶고, 말하고 싶던지 이것이 복음을
깨달은 자의 느낌이고 행동이었다는 것을 체험케 했던 말씀이다. 로
마서를 공부하며 들은 이야기이지만 4C 성 어거스틴이 방탕한 중에
로마서를 읽고 회심하게 되었고, 16C 마르틴 루터가 로마서를 바탕
으로 종교개혁을 일으키게 되었다고 한다. 나에게도 로마서는 나의
삶을 바꾸고, 내가 살아가는 신앙생활의 기본이 되었다.

사람들은 신앙생활을 통하여 자기의 성품과 은사대로 깨달음을 받고 은혜를 받는다. 하나님께서는 우리가 가진 것을 그대로 사용하시는 인격의 하나님이시기 때문이다. 나는 상당히 논리적이고 체계적인 삶을 좋아한다. 그래서 신앙생활에서도 감성적이거나 신비적인 것보다 논리적이고 합리적인 방법으로 은혜를 받는다. 로마서는 나의 성품을 채워주기에 충분한 말씀이었다. 그래서 로마서뿐만 아니라 성경을 장별로 연구하며 공부하는 것을 참 좋아한다. 로마서가 너무 좋아 독일어 성경으로 공부한 적도 있었다. 로마서는 사도 바울이 로마인을 전도하기 위한 간절한 마음에 로마인들이 쉽게 이해하도록 복음을 체계적으로 정리한 말씀이다. 로마서에는 인류의 핑계치 못할 죄에 대해 나온다. 죄로 인해 괴로워할 수 밖에 없는 자신의 고통을 전한다. 그러다 성령을 깨닫고 죄뿐 아니라 자신의 삶을 맡기는 것을 알게 된다. 그래서 그리스도인으로서의 생활 태도를 알려 준다. 사도 바울의 신앙 고백서이다.

이번 큐티를 통해 로마서를 더 깊이 연구해야겠다. 말씀을 통해 놀라운 사실을 깨달았으면 좋겠다. 우리의 믿음의 바탕은 변치 않는 사실인 말씀이 되어야 하기 때문이다. 믿음의 커다란 기쁨을 체험하게 되면 말씀을 통해 감사를 표현하게 된다. 내 인생에 한번 더 하나님의 말씀이 꿀보다 더 달다는 고백을 로마서를 공부하며 고백했으면 좋겠다.

17. 유익을 구하고 덕을 세우라

"나와 같이 모든 일에 모든 사람을 기쁘게 하여 자신의 유익을 구하지
아니하고 많은 사람의 유익을 구하여"(고전10:33)

최근 고린도전서를 묵상하면서 유익을 구하고(10:24, 10:33) 덕을 세우라(14:4, 14:12, 14:26)는 말씀이 자꾸 마음에 들어온다. 바울은 다른 사람의 유익을 위해서 불편함을 감수하였고, 다른 사람과 관계에서의 행동 기준을 성서적으로 해도 되는지 하지 말아야 하는지에 두지 않고 모두에게 유익한지 아닌지에 두었다. 항상 다른 사람의 필요를 먼저 생각했고, 배려함으로 참된 삶의 비결을 감사와 나눔과 서로를 축복해 주는 것이라고 하였다. 성령의 은사와 방언과 예언의 은사를 말씀하면서 모든 은사는 덕을 세우는데 사용하라고 하였다.

록펠러에 대한 이야기이다. 33세 백만장자, 43세 미국 최대갑부, 53세 세계 최대갑부, 55세 불치병으로 사형선고, 최후 검진을 받기 위해 우연히 병원 로비의 액자 글(주는 자가 받는 자보다 복이 있

다)을 보고 마음에 전율을 느끼며 눈물을 흘리다 입원비가 없어 다투는 소리에 병원비를 대신 지불해 주고 나중에 은밀히 도운 소녀가 회복된 것을 보면서 기뻐하며 자서전에 그 순간을 가장 행복했다라고 표현했다고 한다. 그때부터 나눔의 삶을 작정하여 98세까지 살면서 선한 일에 힘썼다. 나중에 "인생 전반기 55년은 쫓기며 살았지만 후반기 43년은 행복하게 살았다"고 회고하였다. 그의 선행은 후에 카네기, 헨리포드, 빌게이츠, 워린 버핏의 거액 기부로 이어지게 되었고, 그들의 노력으로 자선과 기부는 미국 사회의 전통이 되었고 부자들을 존경의 대상으로 탈바꿈시켜 놓았다.

우리 한국 사회에서 돈 벌려고 노력하는 사람은 많아도 잘 살아보려는 사람은 드문 것 같다. 가끔 우리를 감동케 하는 사람은 떡장수 할머니, 김밥장수 할머니들이다. 록펠러만큼 부자가 될 수는 없어도 존경받을 수는 있어야 할 것이다. 나를 통해 교회와 이웃에 유익을 끼치고 덕을 세울 은사를 구하고, 내게 주신 은사와 시간과 돈을 다른 사람을 섬기는데 사용하고, 나 혼자 은혜 받아 감사하고 즐거워하지 말고 그 받은 은혜를 다른 사람들과 나누며 기쁨을 얻도록 노력해야겠다.

18. 하나님 선물과 사명

"너희는 그 은혜로 인하여 믿음으로 말미암아 구원을 얻었나니 이것은
너희에게서 난 것이 아니요 하나님의 선물이라"(엡2:8)

성경에서 하나님의 선물이라는 단어가 세 번 나온다. 첫 번째는
에베소서 2:8의 구원이 너희에게서 난 것이 아니요 하나님의 선물
인 것이다. 두 번째는 요한복음 14:26의 내가 떠남으로 보내실 아버
지의 선물인 보혜사 성령이 오셔서 모든 것을 가르치고 생각나게 할
것이다. 세 번째는 전도서 3:13의 기뻐하며 선을 행하고 수고함으
로 낙을 누리는 것이 하나님의 선물이고, 전5:19의 어떤 사람에게
든지 하나님이 재물과 부요를 그에게 주사 능히 누리게 하시며 제몫
을 받아 수고함으로 즐거워하게 하신 것은 하나님의 선물이라는 말
씀이다.

대학 때 받은 내 인생에서 하나님의 첫 번째 선물인 구원의 확신
으로 나를 알게 되었고, 내가 해야 할 일을 찾게 되었다. 요1:12은
내 평생에 믿음의 확신을 주고 마28:18은 평생 어떻게 살아야 하는

지를 확인시켜 주는 말씀이었다. 그래서 대학을 졸업하며 세 가지를 결심하였다. 성령보다 기도보다 앞서기 않기, 절대 술 마시지 않기, 학생들 제자훈련시키기, 하나님께서 이를 통해 내게 축복을 주셨다. 올바르고 기쁜 믿음 생활을 하게 되었고, 교사 생활하며 많은 믿음의 제자를 두게 되었고, 교장으로 승진시켜 주셨다. 이는 두 번째 선물인 보혜사 성령을 내 마음에 모셔 고전3:16처럼 내 몸이 주의 성전임을 알고 성령 안에서 거룩한 삶을 살려고 노력하게 되었다. 이는 믿음으로 맡긴 군입대에서의 감격, 고3담임하며 이룬 성과, 학교를 변화시킨 능력, 이제 매일 드리는 새벽기도와 말씀 묵상 등 간증할 것이 많다. 스펄전 목사의 기도하지 않고 성공했다면 성공한 것 때문에 망한다는 말씀이나 무엇이 하나님의 뜻인지 모를 때 먼저 그의 나라와 의를 위해 기도하라는 말씀이 성령이 함께하시는 기도의 방법이고 새벽기도를 통해 결정하기 어려울 때 말씀을 받고 위로의 말이나 도움과 헌신이 필요할 때 결정할 수 있는 힘을 얻고 있다. 그래서 세 번째 선물인 기뻐하며 선을 행하고 수고함으로 낙을 누리는 선물을 통해 하나님의 부르심과 사명을 깨닫고 무엇을 위해 일해야 하는지를 알게 하였다. 벧전2:8의 우리를 거룩한 족속으로 택하신 이유가 주님의 아름다운 덕을 선포하게 하는 것이요, 빌2:13에서 하나님께서 우리 마음에 소원을 두고 행하시기에 내 눈에 보이는 것, 내 마음에 결심되는 것, 기도 속에 부담을 주신 것들이 내게 주신 사명이라 하나님의 뜻을 찾으려 하지 말고 단순하게 순종하며 따르면 되는 것이다.

내 인생의 가장 행복한 깨달음

나를 통해 일하시는 하나님

초판 1쇄 2023년 12월 6일 발행

지은이 임규석

펴낸이 김용환

디자인 박지현

발행처 (주)작가의탄생 **출판등록** 제 406-2003-055호

임프린트 하이지저스 **주소** 04521 서울특별시 중구 청계천로 40 CKL 1315호

대표전화 1522-3864 **전자우편** we@zaktan.com **홈페이지** www.zaktan.com

ISBN 979-11-394-1712-8 03230